Mathias Müller


Was ich will?!
Die Hilfe (-stellung) für den Mann

Für meinen Freund Felix.
Ich danke dir für deine Inspiration
und das offene Gespräch.

Danke Nil.

Dank an die wunderbaren Frauen,
die mich spontan unterstützt haben.

Bibliografische Information der
Deutschen Nationalbibliothek:
Die Deutsche Nationalbibliothek
verzeichnet diese Publikation in
der Deutschen Nationalbibliografie;
detaillierte bibliografische Daten
sind im Internet über dnb.dnb.de
abrufbar.

2. Auflage

Herstellung und Verlag:
BoD – Books on Demand, Norderstedt

ISBN 9-783756-209460

Mathias Müller

# Was ich will?!

Die Hilfe (-stellung) für den Mann

Du lebst durch Momente im Jetzt,
an die magischen kannst du dich erinnern.

*„Beziehungen sterben nicht aus Mangel an Liebe,*
*sondern aus Mangel an Intimität"*
(Clinton Callahan)

# Prolog

Die Idee zu diesem Buch entstand während eines Gespräches mit einem Freund. Wir waren geschäftlich unterwegs und kamen von einem Männerabend.

Es war ein gutes, offenes und vertrautes Gespräch, in dem er von seiner Beziehung und seiner Liebe sprach, die er für seine Frau und seine Kinder empfindet.

Doch nach zehn Jahren Ehe spürte er eine starke Distanz zwischen sich und seiner Frau. Durch seine große Sehnsucht nach Nähe und sein Unvermögen, sich auszudrücken, hatte er jedoch das Gefühl, sich immer weiter von seiner Partnerin zu entfernen.

Er suchte nach einer Lösung, wusste aber nicht, was er selbst unternehmen konnte.
In unserem Gespräch ging es um Nähe in einer Beziehung und wie man als Mann Nähe aufbauen kann. Nicht darum, zu verstehen, wie eine Frau Nähe empfindet oder sich ihr gegenüber zu öffnen.

Wie kann ein Mann einen emotionalen, also einen seelischen Moment erzeugen, um eine Frau zu erreichen, obwohl Männer eher über das Physische zum Seelischen kommen, während Frauen eher über das Emotionale zum Physischen gelangen?

Ich fragte ihn: „Kannst du dir vorstellen, einen magischen Moment für deine Frau zu erzeugen? Eine Situation, in der sie das Gefühl hat, von dir verstanden worden zu sein, in der sie sehen kann, dass du ihr zugehört hast, indem du vielleicht aktiv geworden bist und einen von ihr angedeuteten Wunsch realisiert hast? Indem du die Initiative ergriffen hast, eine Idee in die Tat umgesetzt und dabei keine Mühe gescheut hast, um sie glücklich zu machen? Und kannst du die Freude aushalten, dein Ziel erreicht zu haben?"

Unser Gespräch nahm daraufhin eine Wende. In wirklicher Verzweiflung sagte er: „Ich will  wirklich etwas unternehmen und bin auch bereit dazu, aber mir fällt einfach nichts ein!"
In dem Moment hatte ich die Idee: Ein Handbuch für Männer, eine Ideensammlung  für solche Situationen.

Ich bin nicht ganz unerfahren, was solche Momente angeht, und habe meiner Frau zum Beispiel auch mal eine Rose ins Büro liefern lassen, oder ich habe Opernkarten für „Aida" in Verona besorgt.

Einen magischen Moment für meine Frau zu schaffen, das ist für mich selbst bereits Magie. Die Vorbereitung und die Organisation und dann der magische Moment selbst: Das berührt mich ganz tief in meiner Seele.

Oft entstehen magische Momente auch einfach so, wenn eine besondere Stimmung zwischen uns ist. Wenn sie für einen Moment meinen Wesenskern sehen kann, dann sehe ich in ihren Augen Liebe und dann wird es auch für mich magisch.

Wenn ich ein gutes Gespräch mit meiner Partnerin habe und spüre, dass wir uns auch hinter den Worten verstehen. Ich kann alles loslassen und weiß, auf sie ist Verlass!

Doch magische Momente haben viele Facetten, so dass ich beschloss, einfach direkt nachzufragen: Ich wollte von den Frauen selbst erfahren, was sie sich wünschen und vorstellen.

Ich sprach zunächst mit meiner Frau über diese Idee, und auch mit meiner 81-jährigen Mutter. Sie meinte:
„Junge, aus der Vergangenheit kann ich dir da nichts sagen, aber für die Zukunft wüsste ich noch viele magische Momente ...!"

Daraufhin habe ich beschlossen, jene Frauen, die ich kenne und schätze, einfach zu fragen, was für sie ein solcher Moment sein kann.

Es war unglaublich: Die Frauen, mit denen ich sprach und die ich anschrieb, hatten jeweils ganz individuelle Vorstellungen und Wünsche von solchen magischen Momenten in ihrer Partnerschaft.

Ab heute kann jedenfalls weder Mann noch Frau sagen, ich habe es nicht gewusst!

### *Beziehungen brauchen magische Momente*

Schon Goethe sagte:

*„Nur allein der Mensch vermag das Unmögliche ...*
*Er kann dem Augenblick Dauer verleihen."*

Es ist sicher nicht einfach, das, was sich vor unserem inneren Horizont zeigt, in Worte zu fassen, gerade weil uns der Alltag die Zeit dazu scheinbar nicht lassen will, weil uns die Worte fehlen, aber auch, weil es uns vielleicht an Mut mangelt, einfach auszusprechen, was uns bewegt.

Und doch ist da eine Sehnsucht in jedem Menschen, egal, ob er in einer Beziehung lebt oder als Single: Der Wunsch nach Nähe, egal, wie wir sie definieren, ist dem Menschen angeboren.

Gerade in unserer Kultur steht Individualisierung an oberster Stelle und gleichzeitig der Wunsch nach Gemeinschaft, nach Beziehungen und Gemeinsamkeit.

Zwei polare Größen haben sich herausgebildet,

*„Ich" und „Wir".*

Das „Ich" wurde in und aus dem „Wir" geboren und gleichzeitig erzeugt die Distanz zwischen diesen beiden Polen eine Sehnsucht danach, sich in einem „Wir" wiederzufinden.

Das Internet lässt Gemeinschaftsbildungen zu, die vor Jahren nicht denkbar gewesen wären. In öffentlichen Statements offenbaren unzählige Menschen ihr ganzes Privatleben. Facebook z. B. löst heute schon in weiten Kreisen das Fernsehen ab.
Und doch sind da Wünsche und Träume, die gelebt werden wollen.

Bei der Recherche nach magischen Momenten habe ich mit vielen Menschen gesprochen und bin durchweg auf offene Ohren und Herzen gestoßen.

*Mit folgendem Schreiben habe ich mich an die Frauen in meinem Bekanntenkreis gewandt, die ich wertschätze:*

*Ich wende mich heute mit einer Bitte an dich.*

*Ich schreibe gerade an einem Buch und wenn du möchtest, kannst du mich gerne unterstützen.*

*Es ist ein Buch für Männer mit dem Titel „Dein magischer Moment".*

*In vielen Gesprächen ist mir klar geworden, dass manche Männer einfach keine Idee haben, wie sie ihrer Partnerin eine Freude, einen magischen Moment bereiten können. Da war meine Idee, einfach die Frauen, die ich schätze, zu fragen, was für sie solch ein „magischer Moment" sein kann.*

*Möchtest du meine Idee mit deinem Beitrag unterstützen?*

*Schreib mir einfach deine Ideen, die dir zu magischen Momenten einfallen.*

*Als ich meine 81-jährige Mutter interviewte, sagte sie:*

*„Junge, aus der Vergangenheit kann ich dir da nichts sagen, aber für die Zukunft wüsste ich noch viele magische Momente ...!"*

*Ich danke dir für deine Hilfe.*

*Sonnige Grüße*

*Mathias*

Nur wenige Frauen konnten mit dem Thema nichts anfangen; eine Bekannte meinte, magische Momente gebe es nicht.

Ein Ehemann bot mir an, noch mehr zu schreiben als seine Frau, denn er sei Spezialist in Sachen magischer Momente.

Die Auswahl der Texte wurde zum einen durch die Zeit bestimmt, zum anderen durch die Antworten selbst.
Favoriten waren eindeutig die Klassiker: Rosen, Sonnenauf- und Untergang, der Spaziergang am Meer und das romantische Essen.

Ich habe mich entschieden, die meiner Meinung nach interessantesten Antworten zu veröffentlichen. Ich wollte die Vielfalt zeigen, die magische Momente ausmachen können.

Ich bitte die Frauen, deren Texte hier nicht erscheinen, es mir nachzusehen. Trotzdem ein herzliches Dankeschön an Euch!

Für mich selbst ist es ein magischer Moment, wenn ich verstanden worden bin, wenn ich das Gefühl habe, ich bin gemeint und meine Eigenart ist okay.

Mich hat begeistert, wie unterschiedlich die Antworten auf meine Frage waren und auch, wie wichtig es sein kann, dass Frauen selbst über ihre Wünsche nachdenken.

# Was ich will?!

Die Hilfe (-stellung) für den Mann

## Ingrid, 48, Unternehmerin

Was ist ein magischer Moment?

Sicher für jeden etwas anderes, etwas spezielles, etwas besonderes.
Viele machen aber den Fehler und warten auf irgendetwas großartiges und übersehen dabei die kleinen Dinge, die der Partner einem entgegenbringt. Wenn ich z. B. am PC sitze und mir gerade ein Gläschen Wein wünsche und etwas zu Knabbern – und siehe da, schon kommt mein Mann und stellt mir das Gewünschte auf meinen Schreibtisch, das ist dann für mich ein magischer Moment.
Solche Situationen kommen sehr oft vor, und immer wieder freue ich mich darüber.

Ein magischer Moment ist für mich auch, wenn ich beim Aufwachen einen Zettel finde, auf dem steht:
„Guten Morgen Carino (unser Kosename – für Liebling), du musst nur den Knopf der Kaffeemaschine drücken. Hab dich lieb!"

Ein erotisches Picknick in den Bergen oder in der Natur ist auch eine tolle Überraschung und erfrischt die Liebe, ebenso eine Einladung in eine erotische orientalische Location – eine Bar, ein Restaurant, es sollte eben etwas besonderes sein, das Ambiente sowie das Essen – aphrodisiakisch.

Super wäre auch ein Anruf vom Liebsten, dass man sich heute Abend schön anziehen soll und dann wird ein „Blind-Date" verabredet, bei dem jeder so tut, als ob es der erste Abend wäre. Dazu braucht man evtl. etwas schauspielerische Fähigkeiten, es wird aber sicher ein toller Abend, um sich wieder NEU kennenzulernen!
Eine schöne erotische Massage ist ein magischer Moment.

Eine Einladung zu einem verlängerten Wochenende in ein Liebeshotel.

Ein schönes Candle-Light-Dinner.

Zum Mittagessen auf den Berg fahren, einfach weil ein schöner Tag ist.

Wenn er mir den Kaffee ans Bett bringt.

Wenn er mich spontan in den Arm nimmt und sagt: „Ich liebe dich!"

Wenn er mir ein Lächeln schenkt.

Größere magische Momente sind, wenn er spontan eine Reise plant, zum Beispiel nach Rom, Prag oder Paris. Wenn er mich dann mit den Tickets überrascht und sagt: „Hier, für uns beide eine schöne Reise, mein Schatz!"
Das sind dann natürlich magische Momente, aber man soll auch die kleinen Momenten und Situationen schätzen, die sind auch wichtig. Ein Lächeln, ein Kuss, ein Augenzwinkern, ein Drücken und Respekt – Respekt ist ganz wichtig.

## Olga, 33, Kauffrau

- Übers Wochenende ein Romantikhotel buchen
- Im Restaurant dasselbe Gericht wie beim ersten Date bestellen
- Auf dem Sofa einen alten Schmachtfetzen anschauen und einen Tee dazu trinken
- Den ganzen Tag im Bett bleiben
- Einfach nichts tun
- Eine schöne Massage mit warmem Öl
- Aus meinem Lieblingsbuch vorgelesen bekommen.
- Unter einer Decke schlafen
- Eine Rose, die er hinter seinem Rücken hervorholt
- Wenn er sich mal blamiert und dann wieder in die Spur kommen will

## Susanne, 51, Unternehmerin und Schriftstellerin

*Mein magischer Moment*

Ein magischer Moment war, als ich erkannte: Nur wenn ich mich selbst so annehme, wie ich bin, dann kann ich Liebe weitergeben und auch Liebe annehmen. Wenn ich liebe und geliebt werde, dann läuft eine Gänsehaut über meinen ganzen Körper – ein unbeschreibliches Gefühl. Es war die Erkenntnis, dass es Liebe ist, die einen alles bewältigen lässt. Einfach schön, einfach Klasse, ein magischer Moment für mich. Und diesen Moment kann ich mir nur selbst schaffen, kein anderer kann ihn mir geben.

Bei längerem Nachdenken über magische Momente fielen mir noch andere Dinge ein:

Was ist Magie, habe ich mich gefragt. Was ist Magie wirklich? Das Wort Magie kommt aus dem Altgriechischen und bedeutet Zauberei. Alles, was für uns nicht greifbar, mit rationalen Argumenten nicht erklärbar ist, bezeichnen wir als Magie. Und dennoch ist Magie real, sie existiert, wir empfinden sie, also muss da noch etwas anderes sein.

Es gibt für jeden von uns magische Momente, jeden Tag aufs Neue. Schon alleine wenn ich morgens aufstehe: Ich kann gehen, ich kann sehen, kann hören, fühlen, denken, ich kann sprechen, kann meinen Wünschen und Gedanken Ausdruck geben. All dies ist selbstverständlich, doch für mich ist es ein magischer Moment.

Für mich gibt es ganz viele magische Momente, doch es gibt sie nur, weil ich sie so sehen kann und darf, weil ich sie empfinden und wahrnehmen kann. Sie alle aufzuzählen würde ein ganzes Buch füllen mit lauter kleinen Geschichten.

Doch wie kann ein Mann seiner Partnerin magische Momente bereiten? Das geht ganz einfach – funktioniert aber nur, wenn sie es auch annehmen kann. Was nützt das schönste Candle-Light-Dinner, wenn dein Gegenüber es gar nicht will, wenn es deinem Gegenüber gar nicht wichtig ist? Was bringt eine zarte Berührung, wenn der andere sie nicht fühlen kann? Was bringt ein liebevoller Blick, wenn er nicht wahrgenommen wird? Man(n) will dem anderen Glück bescheren und es kommt nicht an. Fazit für mich ist, dass man(n) dem anderen keine magischen Momente bescheren kann. Jeder muss magische Momente für sich empfinden können und bereit sein, sie anzunehmen.

Liebe Männer, ihr seid o. k., so wie ihr seid. Beginnt nicht, euch zu verbiegen, bleibt wie ihr seid. Eines jedoch ist wichtig: Kommunikation … Kommunikation heißt aber nicht, dass ihr nun reden müsst wie ein Wasserfall. Kommunikation heißt, klar und deutlich zu sagen, was man will und was man nicht möchte. Im Grunde ist es ganz einfach – und doch manchmal so schwer!

Was ist nun ein magischer Moment? – Egal, wie und wo sie mir begegnen werden: Ich freue mich auf ganz viele magische Momente.

## Anne, 43, ausgebildete Ergotherapeutin, mit Herz und Seele Networkerin

- Der erste magische Moment war der erste Blick in die Augen meines Mannes. Dieser magische Moment lässt sich immer wieder herstellen, wenn wir Zeit füreinander haben und alles, was um uns ist, einfach auf sich beruhen lassen können.
- Magische Momente waren es auch, als wir unsere neugeborenen Kinder das erste Mal im Arm hielten – sagenhafte und unvergessliche magische Momente!
- Jedes gemeinsame ausgelassene Lachen empfinde ich als magischen Moment.
- Eine Liebeserklärung oder eine rote Rose, wenn man gerade total am Rad dreht, in Hektik ist oder verzweifelt ...
- Gemeinsam die Sternschnuppen am Wüstenhimmel zu zählen und das Lachen und Plaudern der anderen beim allabendlichen Tee.
- Sich neben meinen Schwiegereltern zusammenrollen und einschlummern.
- Tanzen bis sich die Flügel ausbreiten und uns in die Welt der Freude und Leidenschaft hineintragen.
- Nach einer durchgestandenen Krise das gemeinsame Glück wieder neu wahrzunehmen.
- An gemeinsamen Zielen zu arbeiten und sie zu erreichen.
- Gemeinsame Feste feiern.

## Erika, 55, Friseurmeisterin

- wenn er überraschend mit mir Tanzen geht
- wenn er mir von Herzen und mit Liebe eine Rose schenkt
- wenn er mit mir ein Wellness-Wochenende macht und ich nicht damit rechne
- wenn er mich bei meiner Arbeit unterstützt.

Am Ende gibt es viele Kleinigkeiten, die nicht viel Geld kosten. Wenn ein Mann einer Frau richtig zuhört, weiß er immer, womit er ihr einen magischen Moment bereiten kann.
Eine Frau merkt immer, ob es von ganzem Herzen kommt. Alles, was aus Liebe gemacht oder geschenkt wird, ist magisch.

## Anika, 25, Technische Zeichnerin

… wenn mein Mann mal wie 'ne Frau denkt!
… eine schöne Nacht im Hotel, mit allem drum und dran! Whirlpool mit Kerzenlicht, davor ein schönes Abendessen und einfach viel Ruhe und Entspannung!

# Nadja, 38

Ich habe mich selbst schon dabei ertappt, etwas vom Partner zu erwarten, es aber selbst nicht umzusetzen. Ich werde auch an mir arbeiten, um meinem Schatz noch viele magische Momente zu bereiten. Ganz toll finde ich, wenn der Partner die Frau einlädt und ihr aber den Verlauf des Abends nicht verrät. Er kocht für sie und das Essen wird dann bei Kerzenschein und schöner Musik gegessen.

Ein anderer, besonders schöner magischer Moment war für mich, als mein Schatz einmal Dutzende von Teelichtern in Herzform auf den Boden gestellt hat. Als ich von der Chorprobe nach Hause kam, brannte kein Licht, nur einzelne Teelichter markierten den Weg bis zum Herz im Wohnzimmer ...

Ein Heiratsantrag sollte ein absolut magischer Moment sein und nicht zwischen Tür und Angel passieren. Ich würde mir heute wünschen, an einem romantischen Ort wie z. B. einem alten Schloss oder einer Burg mit Rosen, Wunderkerzen ... oder viel Feuer gefragt zu werden.

Noch schöner wäre es natürlich, wenn er das ganze so einfädeln würde, dass Freunde mit eingeweiht sind, während ich völlig ahnungslos bin.

Wenn man Kinder hat, ist es ein magischer Moment, wenn er sich heimlich um einen Babysitter kümmert und die Frau dann damit überrascht, so dass man miteinander fein essen gehen kann.

Schöne kleine magische Momente sind für mich auch, wenn man sich kleine Zettelchen auf das Bett legt oder wenn ich eine Karte mit einem schönen Spruch geschenkt bekomme.

## Ute, 45, Ärztin

Wenn ich so nachdenke, dann waren magische Momente jene, in denen der Partner für mich etwas organisiert hat, z. B. Karten oder ein Treffen, von dem er genau wusste, dass es mein Herz gefangen nimmt. Am tiefsten geht das dann, wenn er es nicht nur mir zuliebe tut, sondern wenn ein gemeinsamer Moment entsteht.

Zum Beispiel habe ich meine Leidenschaft fürs Reiten entdeckt. Mein Partner kann eigentlich nichts damit anfangen, aber wenn er mich dann mit einem Geschenk überrascht, das mit dem Reiten zusammenhängt und bei ihm dann auch eine Begeisterung dafür entsteht, das ist magisch.
Oder wenn er sich in meine Lage versetzt und mich damit überrascht, dass er mir einfach so, also nicht zum Geburtstag, Muttertag o. ä., einen wunderbaren Wellness-Abend schenkt, da er weiß, wie sehr ich unter Spannung stehe mit Beruf und Kindern, das ist magisch.

Es kommen also viele Momente zusammen: Einfühlsamkeit, Überraschung, Gemeinsamkeit. Ein Geschenk, mit dem ich nicht rechne, und das er mir aus echter Liebe und tiefem Verständnis für meine innersten Wünsche macht.

Wenn sich jetzt ein Mann damit schwertut, zu wissen, wofür denn das Herz seiner Partnerin schlägt, oder was ihr guttun würde, ohne dass sie ihm das sagt, dann ein Vorschlag: Öfter mal einfach zuhören, wovon sie erzählt, wofür sie sich begeistert. Es erfordert ein Einlassen auf die Partnerin, ein Ausbrechen aus der alltäglichen Routine.
Frauen erwarten normalerweise nicht, dass man ihre Gedanken lesen kann. Eher wünschen sie sich, dass der Mann einmal nur wahrnimmt, was sie sagt, ohne gleich mit Lösungen vorzupreschen. Dann kann der Mann herausfinden (vielleicht etwas Neues, das die Beziehung belebt ...), womit er sie sprachlos machen kann vor innerer Freude.

Magisch eben.

## Cindy, 32, Tierarzthelferin

Ja, magische Momente wären für mich z. B., wenn mein Mann mich überraschen würde mit einem geplanten Ausflug. Essen gehen, ein schöner Abend daheim, aber auch Kino oder mal Blumen wären schön.

Die Initiative sollte von ihm ausgehen, ohne dass ich was sagen muss. Es soll mich überraschen.

Am schönsten für mich wäre natürlich alles, was das Reiten oder mein Pferd betrifft, also eine Reitstunde, ein Training oder Kurse. Damit würde er mir die größte Freude bereiten, denn das würde mir zeigen, dass er verstanden hat, wie wichtig mir das ist und dass er mich dabei unterstützt.

Zusammengefasst denke ich: Jede Frau würde sich am meisten über etwas freuen, das ihr zeigt, dass ihr Mann verstanden hat, was ihr im Leben wichtig ist. Wenn er ihr in diesem Bereich eine Freude macht, kann das ein magischer Moment sein!

Auch einfach mal ein kleiner Zettel, auf dem „Danke" steht, und ein „Ich liebe dich" kann Wunder bewirken.

## Rose, 51, Chefsekretärin

Mein Mann und ich stehen morgens in der Regel zur selben Zeit auf. Kürzlich hatte er einen Termin und musste schon viel früher raus als ich.

Als sein Wecker läutete, dachte ich: „So ein Pech, jetzt muss ich aufstehen und meinen Wecker stellen (denn der steht absichtlich drei Meter vom Bett entfernt). Das hätte ich auch gestern Abend schon machen können."

Mein Mann aber sagte von sich aus: „Ich weck dich, wenn ich geh, dann ist es auch für dich Zeit aufzustehen." Sehr schön ...
Und tatsächlich: Nicht nur, dass er noch mal von seiner Wohnung in meine kam (wir haben zwei Wohnungen im selben Haus), er hatte auch noch eine Tasse Kaffee für mich dabei.

Ich hab gestaunt und in der Mittagspause meinen Kolleginnen erzählt, dass ich den besten Mann von allen hab. Es ist einfach klasse, wenn sich jemand Gedanken um einen macht und man sich umsorgt und verwöhnt zu fühlen kann.

Die magischen Momente des Lebens sind sehr oft die kleinen Dinge: achtsam sein und jemandem unaufgefordert einen Gefallen tun, manchmal auch nur ein Lächeln.

## Andrea, 53, Verwaltungsbeamtin

Mein Mann und ich sind seit 30 Jahren miteinander verheiratet und wir haben drei inzwischen erwachsene Kinder. In dieser Zeit sind wir – wie die meisten Paare – durch Höhen und Tiefen gegangen, doch insgesamt empfinde ich unsere Ehe als glücklich. Im Laufe der Jahre hat man sich im täglichen Miteinander arrangiert und die positiven und weniger positiven Seiten des Partners akzeptiert, denn: „Nobody is perfect!" Dabei ist vieles selbstverständlich geworden, was in anderen Beziehungen immer wieder neu diskutiert wird. Etliches ist für mich „normal", wofür ich von Freundinnen beneidet werde. Für sie wären es sicherlich magische Momente, wenn ihr Partner sich in den normalen Alltag einbringen würde. Für meinen Mann ist es selbstverständlich,

- dass die Pflichten rund um Haus und Garten aufgeteilt sind und
- dass er freiwillig kocht, wenn er zu Hause ist, weil es ihm mehr Freude macht als mir. Das genieße ich immer wieder aufs Neue – das sind für mich magische Momente!

Was könnten magische Momente in der Zukunft sein? Dazu muss man sich erst mal darüber im Klaren sein, was man vermisst, was besser sein könnte ... und da gibt es für mich nicht so viel. Sicherlich würde ich mich darüber freuen, wenn er Veränderungen an meinem Outfit von sich aus bemerken würde und nicht erst auf Nachfrage eine positive (!) Bemerkung machen würde. Komplimente höre ich eigentlich nie aus eigenen Stücken – das wären sicherlich kleine magische Momente.
Ein richtig großer magischer Moment wäre es hingegen, wenn er sich dem Empfehlungsmarketing öffnen würde, das mich seit vier Jahren mit Leidenschaft erfüllt. Ich würde mich so sehr darüber freuen, wenn er mich einmal um nähere Informationen bitten und sich damit beschäftigten würde. Meines Wissens kennt er die Besonderheiten, die mein Unternehmen von anderen MLM-Firmen* unterscheiden, (noch) nicht. Und genau das wäre mir so wichtig! Das weiß er sicherlich auch, aber zum gegenwärtigen Zeitpunkt ist er zumindest für

die Geschäftsidee nicht offen. Der erste gemeinsame Besuch einer Gesundheitsveranstaltung in diesem Jahr war für mich insoweit wirklich ein magischer Moment und ich wünsche mir in diesem Zusammenhang noch viel mehr!

*MLM (Multi Level Marketing) ist eine Vertriebsart, bei der Provisionen aus einem Produktverkauf oder einer Produktempfehlung auf mehrere Ebenen (Levels) aufgeteilt werden.

## Conny, 46, Fremdsprachenkorrespondentin

Zunächst wäre für mich ein magischer Moment, wenn mir mein visualisierter Partner überhaupt einmal begegnen würde ...

Ich bin schon eine Weile als Single unterwegs, was durchaus auch seine Vorteile hat!

Auf jeden Fall ist es für mich ein magischer Moment, wenn der Partner AUFMERKSAM ist.

Aufmerksamkeit und Wertschätzung! Das fällt mir ganz spontan ein.

## Eva, 52, Fitnesstrainerin und Networkerin

- nachts mal aufstehen, wenn das Kind seit Monaten nicht schläft, obwohl mein Mann einen anstrengenden Job hat und ich selbst ja ,nur daheim' bin
- sonntagmorgens um elf Uhr beschließen, nach Straßburg zu fahren, obwohl man kein Geld hat
- morgens früh um halb sechs mit mir aufstehen, wenn ich nicht mehr schlafen kann, mit mir den Sonnenaufgang betrachten und „Morning has broken" singen
- mir ein riesiges Eis mitbringen, wenn die Kinder schlafen
- ein Wochenende in einem schönen Hotel verbringen, obwohl es Zeit und Geld eigentlich überhaupt nicht erlauben
- ein gutes Gespräch in einem Bistro, weil ich daheim nicht reden kann
- für mich etwas Winziges aussuchen, so dass ich es nicht mitbekomme und mich damit überraschen
- mich bei der Fahrt in den Urlaub nachts an der Autobahnraststätte auf die Toilette begleiten, weil ich mich alleine nicht traue
- mir ein Zettelchen schreiben
- mitten in der Woche um elf Uhr abends ein spontaner Minitrip zur fünf Autominuten entfernten Sommerwiese
- mit den Kindern im Wasser toben, dass ich 15 Minuten im Liegestuhl schlafen kann
- für uns was kochen
- während des Filmschauens meine Füße massieren, obwohl ich schon nach fünf Minuten eingeschlafen bin und der Film zweieinhalb Stunden geht
- mir etwas schenken, von dem ich nicht einmal gesagt habe, dass ich es mir wünsche
- zu rockiger Musik tanzen
- einen Gottesdienst gemeinsam erleben
- an Silvester zu zweit sein
- mir einen Marsriegel mitzubringen, obwohl ich mich gerade zu dick finde
- morgens um sechs im Bodensee schwimmen

- auf einem Berggipfel stehen und gemeinsam die unglaubliche Weite empfinden
- bei einer Hochzeitsfeier sein und spüren, dass er das gleiche denkt wie ich und er es mir sagt
- einen Abend vorplanen und mich damit überraschen


## Margherita, 44, Verkäuferin

Wenn er im gleichen Augenblick so denken und fühlen würde wie ich, wenn er zum Beispiel mehr Bauchgefühl für die entsprechende Situation aufbringen würde oder wenn er die Umgebung wahrnehmen und sich entsprechend verhalten könnte.
Spontaneität und Flexibilität.
Meine Bedürfnisse verstehen und auf sie eingehen.

Wenn er zu mir sagen würde: „Wir haben es geschafft, wir brauchen nicht mehr zu schuften, endlich können wir unser Leben so leben, wie wir es uns schon immer gewünscht haben, den Tag so einplanen, wie wir wollen!"

## Anita, 49, Sozialarbeiterin

Darüber nachdenken, was ein magischer Moment ist, trägt dazu bei, sich auch als Frau mit dem Thema auseinanderzusetzen, um sich der schönen Erfahrungen wieder bewusst oder sich auch darüber klar zu werden.

Ein schönes Gedicht; liebenswerte Worte; Lob und Anerkennung; wenn er sich im Haushalt einbringt; wenn er ein gutes Mittagessen kocht; ein schön gedeckter Frühstückstisch; dieselben Gedanken und Interessen haben; Unterstützer und Ratgeber bei meinen Anliegen; Unterstützung, Akzeptanz, Verständnis und Interesse bei Belangen, die nicht unbedingt in seinem Interesse liegen (z. B. einkaufen gehen); wenn er die Ruhe bewahrt; Geduld; Spaß und Freude miteinander; zuvorkommend, großzügig, liebevoll und rücksichtsvoll; wenn er mir ohne Anlass überraschend ein Geschenk macht; wenn er etwas bastelt oder für mich ein schönes Lied auf dem Klavier spielt; wenn er meine Wünsche und Bedürfnisse kennt und darauf eingeht bzw. sie berücksichtigt; Hilfsbereitschaft mir und anderen gegenüber; wenn ich mit Unternehmungen überrascht werde (z. B. Eis essen gehen, Ausflug, Konzert, Veranstaltung); sich gut miteinander austauschen und reden können; die Freizeit miteinander genießen; Tanzen gehen; wenn ich Entlastung bei der Beschäftigung mit unserem Kind erfahre (z. B. wenn die beiden miteinander Fahrrad fahren oder spielen); schöne gemeinsame Erlebnisse als Familie (z. B. Ausflüge, Gesellschaftsspiele).

## Heike, 47, Kommunikationsexpertin, wissenschaftliche Beraterin

Ein magischer Moment ist für mich oft bereits die erste Begegnung mit einem Mann, der für mich privat oder auch beruflich ein wichtiger Mensch werden könnte.

Du siehst dir in die Augen und erlebst intuitiv ein Gefühl von Erkennen und Vertrautheit mit dem Unbekannten, Neugierde auf das, was kommt, und eine Ahnung von dem, was euch zusammengeführt hat. Das sind in meiner Erinnerung große magische Momente, die Weichen im Leben stellen können und uns in neue Richtungen bringen. Solche Begegnungen fühlen sich für mich zeitlos an und ich bin dankbar dafür.

Die magischen Momente im Alltag können ganz unscheinbar daherkommen und uns trotzdem einen schwachen Abglanz dieser Zeitlosigkeit geben. Wenn ich zum Beispiel mit einem Freund zusammen Musik mache, ein Konzert höre, ein gutes Gespräch habe, zum ersten Mal auf seinem Motorrad mitfahre und wir spontan am Meer landen, wenn er mir etwas sehr Schönes vorliest oder mich liebevoll berührt, dann können das alles magische Momente sein, die uns verbinden. Das Geheimnis solcher Momente liegt vielleicht darin, dass zwei Menschen sich dafür öffnen, intensiv in der Gegenwart des anderen zu stehen. Und das kann man in jedem Moment erreichen, wenn man es will.

## Barbara, 45, Altenpflegerin

Ich habe lange darüber nachgedacht, warum Männer glauben, ihren Frauen keine magischen Momente bieten zu können. Ich war lange Zeit meines Lebens in einer Erwartungshaltung Männern gegenüber, so dass ich ganz sicher viele solcher Momente einfach nicht wahrgenommen habe. Lange habe ich es wohl mit Sexualität verwechselt. Da gab es und gibt es natürlich magische Momente, zumal ich 20 Jahre verheiratet war und nun schon sieben Jahre mit meinem jetzigen Lebensgefährten zusammen bin.

In meiner Partnerschaft erlebe ich magische Momente immer dann, wenn ich sie gar nicht erwarte. Das sind kleine Liebenswürdigkeiten im Alltag, das ist, wie er mich anschaut und beobachtet und es dann auch wagt, mir ein ehrliches und manchmal auch schmerzhaftes Feedback zu geben. Es sind die Geschenke, die er macht, einfach weil ihm danach ist und nicht etwa zum Geburtstag, weil er den ja vergisst und ich da ein Geschenk erwarten würde. Eigentlich entstehen magische Momente immer dann, wenn mir ein Mann seine ungeteilte und ehrliche Aufmerksamkeit schenkt, egal ob in einer Beziehung oder nicht. Wenn ich als Frau fähig bin, das Männliche zu sehen und zu akzeptieren, dann erlebe ich immer häufiger das Geschenk eines magischen Moments, weil ich erst dann fähig bin, den magischen Moment auch wahrzunehmen, egal was der Mann gerade unternimmt, um mir einen besonderen Moment zu bereiten. Deshalb: Versuch am besten gar nicht erst, solche Momente gezielt herbeizuführen. Wenn es so sein soll, werden es beide merken und gerade das ist das Schöne dabei. Ganz ohne Erwartungshaltung beiderseits. Es ist etwas Magisches in jedem Augenblick, wenn sich Seelen erkennen. Egal ob weiblich oder männlich. Wir müssen nichts beweisen, nur noch erkennen. Dazu gehört einzig und allein die Bewusstwerdung jedes einzelnen.

## Yildiz, 1969, Mutter und Hausfrau

*Mein magischer Moment: Die rote Rose*

Vor 17 Jahren, als wir noch nicht verheiratet waren, lud mich mein Freund zum Essen ein und hatte eine rote Rose in der Hand. Und bei jedem unserer Treffen schenkte er mir wieder eine rote Rose.

Nach unserer Verlobung fuhren meine Familie und ich zu unserem Ferienhaus. Am Wochenende wollte er uns mit seinen Eltern besuchen kommen und um 14 Uhr hat es bei uns dann geklingelt. Seine Eltern standen vor der Tür – aber er nicht. Seine Mutter sagte: „Er kommt gleich."

Nach zwei Stunden war er immer noch nicht da, ich begann langsam, unruhig und etwas wütend zu werden.

Meine Schwägerin sagte: „Dein Verlobter hat dich sitzen lassen, er kommt nicht!"

Nach drei Stunden kam er endlich, mit einer roten Rose in der Hand, und sagte: „Entschuldige bitte, ich habe ein Blumengeschäft gesucht, das geöffnet hatte, und musste 200 Kilometer weit fahren!"

Da staunte meine Schwägerin: „Wegen einer einzigen Rose bist du 200 Kilometer gefahren?!" – Das konnte sie natürlich nicht verstehen.

Bis heute denke ich jedes Mal an diesen Moment, wenn ich rote Rosen sehe.

Eine Freundin bekam von ihrem Mann nach 20 Jahren unerwartet einen Ring mit 20 Diamanten geschenkt. Echt magisch …

## Nadine, 36

- Morgens die Augen aufzumachen und mein Mann liegt neben mir und lächelt mich an.
- Ein geheim geplantes Geburtstagswochenende einzig mit dem Hinweis: „Kauf dir ein Abendkleid und los geht's!" Das war eine der großen magischen Momente, da ich drei Tage lang nicht wusste, was er für uns geplant hatte. Meinem Mann voll zu vertrauen und mich drei Tage von ihm führen lassen, das war für mich eine große Herausforderung, auch oder gerade deshalb einer der magischsten Momente in unserer neunjährigen Beziehung. Überraschungen versüßen den Alltag!
- Mein Mann hat mir bei unserem zweiten Date eröffnet, dass er nie Blumen verschenkt, die Floristen an Valentinstagen nicht unterstützt und Geburtstage grundsätzlich vergisst. Ich akzeptierte seine Haltung und meinte: „Blumen kauf ich mir selber, Valentinstage mag ich auch nicht und meinen Geburtstag wirst du nie verpassen, da ich schon Wochen vorher ständig davon rede, weil ich mich darauf immer so freue ...!" An meinem zweiten Geburtstag, den wir gemeinsam erlebt haben, war klar, dass er nicht kommen würde, da er mit 40°C Fieber im Bett lag. Doch an jenem Morgen stand er mit einem großen Rosenstrauß vor meiner Tür! Wie er sich da in seinem Zustand hingeschleppt hat, weiß keiner mehr von uns, aber das war magisch.
- Das Telefon klingelt: „Ich wollte dir nur sagen, dass ich dich sehr lieb hab."
- Ein kleines Päckchen Schokolade auf dem Kopfkissen.
- Gemeinsam auf dem Sofa zu sitzen, ohne zu reden nur sein und dasitzen.
- Wenn er müde ist und nach dem Blinzeln eines seiner Auge nicht mehr aufgehen will.

## Halina, 60, Einzelhandelskauffrau und Erzieherin

Zu merken: Aha, er denkt an mich.

Ein Beispiel: Ich würde mich freuen, einen Anruf vom Büro zu bekommen mit der Einladung: „Schatz, das Wetter ist so toll, hol mich mit dem Fahrrad ab, wir gehen Eis essen." (Ist doch so einfach, oder?)

Oder: „Da läuft ein super Film – lass uns den gemeinsam anschauen!"

Oder: „Wow, ich finde es toll, was du da machst. Wie kann ich dich unterstützen?"

Oder: „Du bist die Beste – ich würde dich glatt wieder heiraten!"

Oder: Mich einfach in seine Planungen mit einbeziehen. Ob ich dann mitmache, entscheide ich selbst …

Es gibt vieles – und sooo einfach (wäre es).

# Susan, 35, Industriekauffrau

## Magische Momente

Im Alltag werden solche Momente oft vergessen. Nein, das ist falsch ausgedrückt: Sie sind unvergesslich. Sie rücken nur manchmal in den Hintergrund. Aber dank Mathias werden diese magischen Momente jetzt Stück für Stück wieder ans Tageslicht gelangen.

Wenn ich so überlege, muss ich ehrlich sagen, ich habe in meiner Ehe einige solche magischen Momente, also unvergessliche Augenblicke erlebt. Doch solche Momente gab es schon vor unserer Hochzeit. Wir sind seit 14 Jahren zusammen. Mein Mann ist türkischer Abstammung und ich komme aus der ehemaligen DDR. Man kann sich denken, wie das bei mir war: Im Urlaub ging es entweder in die ČSSR oder nach Ungarn, oder aber wir verreisten innerhalb der DDR. Flugreisen waren nicht drin. Als ich dann mit meinem Mann das erste Mal in seine Heimat flog, war das für mich das Größte. Ich weiß noch, wie ich damals im Flieger saß und es nicht fassen konnte: Ich war das erste Mal in einem Flugzeug! Und dann dieses fremde Land. Unvergessliche Eindrücke. Ich war seitdem noch oft in der Türkei. Aber das erste Mal vergisst man nicht. Es ist unbeschreiblich! Ich weiß noch ganz genau, wie wir damals die Straßen entlangliefen, meine Schwiegereltern das erste Mal besuchten, das unendliche Meer sahen, das wundervolle Istanbul mit seinen Sehenswürdigkeiten besichtigten …

Der nächste magische Moment kam dann fünf Jahre später: Unsere Hochzeit. Ich war überglücklich. Vor allem, weil die Hochzeit genauso stattfand, wie ich es mir schon als Kind vorgestellt hatte. Mein Kleid wurde genauso genäht, wie ich es wollte. Die Ringe wurden speziell angefertigt, natürlich nach meinen Wünschen. Dazu sind wir extra in die Türkei geflogen. Innerhalb einer Woche war alles erledigt. Dann die Feier in meiner Heimat, in dem Restaurant, von dem ich mir schon als Kind immer gesagt hatte: Hier will ich mal heiraten. Meine Eltern haben alles organisiert. Und dann kam der große Tag. Wir fuhren alle die 400 Kilometer in meine Heimatstadt. Unsere besten Freunde waren natürlich auch dabei, als Trauzeugen. Wenn ich heute daran denke, wird mir noch immer ganz anders. Da kommen mir fast die Tränen. Freudentränen! Ein Moment, an den man sich gern erinnert.

Und dann kam die Hochzeitsreise, nach Kuba! Auch diese eine Woche werde ich nie vergessen. Wieder ein anderes Land, noch weiter entfernt. Auf der anderen Seite der Erde. Unglaublich. Nur wir zwei. Wir haben viel unternommen, uns viel angeschaut. Auch wenn ich mir diese Fotos anschaue, kommen mir die Tränen.

Wieder zwei Jahre später kam unsere Tochter zur Welt. Nun waren wir endlich eine richtige Familie. Sie war ein Frühchen und wog nur 1400 Gramm. Sie musste noch fünf Wochen im Krankenhaus bleiben. Als wir sie dann endlich mit nach Hause nehmen durften (ein paar Tage vor unserem Hochzeitstag), war das ebenfalls ein unvergesslicher Moment.

Und dann nach zwei Jahren: Die Geburt unseres Sohnes. Da die Tochter ein Papakind ist, bekam ich nun ein Mamakind – es war unglaublich. Jetzt war unsere Familie komplett. (Vielleicht ist mein nächster magischer Moment Kind Nummer drei?)

Kurz nach der Geburt unseres Sohnes kauften wir dann ein kleines Häuschen. Das war für mich bis dahin unvorstellbar gewesen. Niemand in meiner Familie hat eine eigene Immobilie. Aber für mich wurde dieser Traum wahr!

Das waren ein paar meiner magischen Momente in der Vergangenheit. Oh, aber meinen ersten magischen Moment vergaß ich zu erwähnen: Unsere erste gemeinsame Wohnung. Da fragte der Vermieter bei der Küchenplanung, ob er eine Spülmaschine einplanen solle. So schnell konnte ich gar nicht überlegen, da sagte mein Mann schon: „Natürlich!" Ich war baff! So ein Haushaltsgerät kannte ich zuvor nur aus der Werbung – aber doch nicht privat! Ich war sprachlos!

Das zeigt, dass magische Momente nicht nur durch Reisen oder familiäre Höhepunkte entstehen. Es können auch nur mal Blumen zwischendurch sein. Da kommt ein Bote ins Büro und fragt nach einem selbst. Dann packt er einen Strauß aus und man merkt, dass der Partner einem mal „Ich liebe Dich" ein wenig anders sagen wollte. – Einmal war ich auf einer Schulung. Ich war drei Tage weg. Am zweiten Tag klopfte es an der Zimmertür im Hotel und ich bekam Blumen geliefert. Ich war so gerührt.

Und am Anfang unserer Beziehung gab es auch einen Moment, an den ich mich gern erinnere. Wir saßen bei mir daheim in der Küche. Er hatte das Abendessen besorgt, ein typisch türkisches Vesper. Die meisten

Sachen aß ich an dem Abend das erste Mal. Es war so lecker, dass wir fast ein ganzes Brot aufaßen – unvergesslich! Wir essen dieses Vesper heute noch gern. Dabei erinnern wir uns gern an damals zurück.

Es gibt viele Dinge, große und kleine, die sich so im Gedächtnis festsetzen und an die man sich gern zurückerinnert. Ich bin überzeugt, es werden auch in meinem Leben noch viele solcher Momente kommen. Ich hoffe es. Denn wenn das Leben einmal zu Ende geht, sollte es in jedem Leben viele solcher Augenblicke gegeben haben. Egal ob Mann oder Frau, ob reich oder arm. Dieser Film mit den Stationen des gelebten Lebens läuft vor jedem ab. Und dann sollten viele solcher Momente dabei gewesen sein.

## Birgitt, 48, Krankenschwester und Yogalehrerin

Wir waren ungefähr sechs Jahre miteinander verheiratet und hatten uns eine Zeitlang in einer schweren Krise befunden. Mein Mann hatte zu trinken begonnen und ich hatte unsere Beziehung komplett in Frage gestellt. Freiwillig und mit Hilfe einer Selbsthilfegruppe hatte er es geschafft, mit dem Trinken aufzuhören.
Es ging ihm richtig gut, nur ich war noch auf dem Stand der Sucht stehengeblieben. Vieles habe ich nur mit mir selbst ausgemacht, wir hatten nie gelernt, miteinander zu reden.
Eines Tages, als ich in meine trüben Gedanken versunken zu Hause werkelte, fragte er mich plötzlich: „Wie geht es dir?" In meine gewohnten Verhaltensmuster verstrickt antwortete ich nur: „Nichts!" Und das mehrmals.

Völlig überraschend nahm er daraufhin meine Hand und bat mich, mich mit ihm auf die Treppe zu setzen. Wir sahen uns in die Augen und er sagte: „Lass uns reden."
Ich war vollkommen überrumpelt, etwas derartiges war zuvor niemals vorgekommen in unserer Beziehung. Ich hatte das Gefühl, dass er mich überhaupt das erste Mal wahrnahm als Frau und als seine Partnerin! Es war unglaublich und ist nach 18 Jahren immer noch absolut präsent. Ab diesem Moment begann ich auch wieder an unsere Beziehung zu glauben und ich habe es keine Sekunde bereut. Es war ein magischer Moment.

Ich glaube, dass es nicht auf Äußerlichkeiten wie Sonnenuntergänge, teures Essen, sensationelle Reisen und Geschenke ankommt. Die Magie entsteht für mich in einer Begegnung, bei der sich nur noch zwei Seelen wiedererkennen. Das setzt die Bereitschaft und das Vertrauen voraus, sich zu öffnen in der Gewissheit, nicht verletzt zu werden. Es braucht also nicht viel – oder doch?

## Conny, 45, kaufmännische Angestellte

Als erstes fielen mir Dinge ein wie eine rote Rose geschenkt bekommen, ein selbstgekochtes Essen zu Hause bei Kerzenschein, ein Picknick auf einer Wiese mit Sekt und Erdbeeren ... Irgendwie fand ich dann doch, dass, selbst wenn es kleine „Werte" sind, doch immer etwas Materielles dabei ist. – Alles zu einfach und schon dagewesen.

Ich würde es auch schön finden, mit meinem Partner einfach nur gemeinsam den Sternenhimmel zu betrachten oder das Meer. Er steht hinter mir, ich lehne mich zurück und wir schauen gemeinsam in dieselbe Richtung.
Das kann ein magischer Moment sein, muss aber nicht. – Also kommt auch das nicht in Frage.

Also, ich denke, man kann sich magische Momente nicht von seinem Partner wünschen oder schenken lassen. Die Magie muss in jedem selbst vorhanden sein! Meine schönsten magischen Momente erlebe ich mit mir allein.
So war ich heute zum Beispiel ein wenig mit meinem Motorrad unterwegs, und die Freiheit und das Glück, das ich dabei verspürte, kann mir niemand bescheren.

Magische Momente mögen vielleicht möglich sein bei einem Paar, das wirklich eine sehr harmonische Beziehung führt oder das frisch verliebt ist.

Mir geht's da vielleicht wie deiner lieben Mum: Ich habe bisher nicht viele magische Momente erlebt, aber die Zukunft kann mir immer noch welche bringen!

# Sigi, 55, Bankkauffrau

*Manchmal mag ich's mag-isch! Mein magischer Moment*

Eines Tages entdeckte ich in unserem Wandkalender einen Eintrag: ÜBERRASCHUNG!

Als dieser Tag gekommen war, sagte mein Mann (wir sind seit 38 Jahren ein Paar): „Nimm dir heute Abend Zeit für einen besonderen Abend!"

Ich wollte wissen, wie ich mich kleiden sollte, schick fürs Theater oder rustikal für eine Gartenparty – aber es blieb immer noch eine Überraschung. Als die Zeit gekommen war, fuhren wir mit unserem Auto in den Nachbarort, bogen in eine Straße ein, in der ich noch nie zuvor gewesen war, klingelten an einem Haus und wurden von einer jungen Frau empfangen, die uns ins Dachgeschoss führte. Dort war ein Raum nur für uns beide vorbereitet mit Kerzenlicht, liebevoll belegten Canapés und gekühltem Sekt. Nun begann es in meinem Bauch schon ein wenig zu flattern. Michaela, so hieß diese junge Frau, stellte sich vor als Künstlerin, die an diesem Abend nur für uns beide da sein und uns in die Kunst des Malens einweisen werde.

Jeder von uns sollte ein Bild malen, welches unsere eh schon gelungene Beziehung noch unterstreichen sollte.

Mein Mann bedankte sich bei mir für die vielen tollen Jahre, die er mit mir gemeinsam hatte verbringen dürfen und sagte, dass ich für ihn der wichtigste Mensch in seinem Leben sei. Spätestens jetzt konnte ich meine Tränen nicht mehr zurückhalten. Ich ließ sie einfach fließen.

Wir malten viele Stunden miteinander, sprachen viel miteinander, schwiegen dann auch wieder und ließen unseren Gedanken freien Lauf. Dieser Abend hat mich so tief in meiner Seele berührt, dass ich noch heute feuchte Augen bekomme, wenn ich davon erzähle.

Außerdem hängen unsere beiden Bilder in unserer gemütlichen Wohnung und erinnern uns täglich an dieses unglaubliche Gefühl.

Uns beide hat dieses Erlebnis so stark beeindruckt, dass wir diesen Abend schon viele Male als magischen Moment verschenkt haben und uns immer darüber freuen, wenn es unseren Freunden ähnlich ergeht wie uns.

## Brigitta, 41, Heilpraktikerin

Als ich noch jünger war, waren für mich eher die ‚lauten' Momente die besonderen. Da gab es den zwei Jahre jüngeren S. Er hatte ein Händchen für besondere Augenblicke. Eines Tages erwähnte ich beiläufig meine Leidenschaft für Kaiserschmarrn, woraufhin er mich nach Österreich „entführte", um in einem zwei Stunden entfernten Tal den seiner Meinung nach besten Kaiserschmarrn zu essen. Spontan, verrückt und wunderbar – vier Stunden Autofahrt nur für eine Mahlzeit ...
M. lernte ich bei einem Besuch in München kennen. Nach drei oder vier Tagen lud er mich zu einem Amerikarundtrip ein – mit First-Class-Tickets. Ich war verrückt genug zuzusagen, schließlich kannten wir uns ja erst ein paar Tage. Die Reise war großartig und unsere mehrjährige Beziehung eine der wichtigeren in meinem Leben.
Diese beiden Geschichten sind über 20 Jahre her. Ich finde sie immer noch toll und denke an sie und ähnliche Ereignisse gerne zurück.
Aber die absolut magischsten Momente erlebe ich zur Zeit. Es sind gaaaanz stille Augenblicke, eher heimlich und vielleicht gar nicht für mich gedacht: Manchmal wache ich nachts auf, weil mein Freund mir zärtlich über den Kopf streichelt und mir eine Liebeserklärung macht. Ich komme mir dabei ein wenig wie ein heimlicher Beobachter vor und habe das Gefühl, dass es gar nicht für mich gedacht ist, sondern dass er das für sich selbst macht. Das sind wahrlich Augenblicke, die mir den Atem rauben ...

# Carin, 54, Kauffrau

Mein magischer Moment, an den ich mich sehr gerne erinnere, sah so aus:

Vor zwei Jahren war ich neun Tage im Brandnertal bei einem Lebenslehrerseminar mit Kurt Tepperwein. Da ich dabei das erste Mal diesen Themen und auch Tepperwein begegnete, passierte bei mir ganz viel. Ein Veränderungsprozess setzte ein. Immer wieder dachte ich: Das müsste mein Mann eigentlich miterleben, das kann ich ihm gar nicht schildern. Ich schwebte in dieser Woche nämlich auf Wolke Sieben. Das kann man nicht erklären, das muss man erleben. Genau das sagte ich ihm auch am Telefon. Auf meine Frage, ob er nicht doch noch kommen könnte, reagierte er mit einem klaren „Nein". Das verstand ich ja auch, denn er hatte täglich wichtige Geschäftstermine und war viel unterwegs. Trotzdem habe ich mir immer wieder gewünscht, mein Mann wäre bei mir.

Freitags war ich nach dem Mittagessen kurz auf meinem Zimmer. Das Telefon klingelte, er war dran. Er erzählte mir von einem geschäftlichen Treffen, das er eben erfolgreich hinter sich gebracht hatte. Ich konnte ihm kaum zuhören, da ich ihm von meinen Erlebnissen berichten wollte. Wenn er schon nicht hier sein konnte, dann musste er doch so viel wie möglich erfahren. Wie schön wäre es, wenn er jetzt hier sein könnte! Neben dem Hotel sei ein Golfplatz, so wollte ich ihm einen Besuch schmackhaft machen. Plötzlich klopfte es auch noch an meiner Tür. Ich beendete schnell und liebevoll das Gespräch und ging zur Tür. Ratet mal, wer da stand? Alles Weitere könnt ihr euch denken ...

Ich glaube, das nächste Tepperwein-Seminar ist bald fällig!

## Gine, 25, selbstständige Mediengestalterin

Der Alltag rennt an einem vorbei und man fragt sich mitten in der Woche: „Was habe ich am Wochenende gemacht?" Da sollte man doch manchmal innehalten, den Moment genießen und sich ins Bewusstsein rufen, was wirklich wichtig ist.
Es sind die überraschenden Kleinigkeiten, die mir wichtig sind:
Ein paar Blumen, vielleicht sogar frisch gepflückt von der Wiese. Eine kleine Aufmerksamkeit, die ich mal nebenbei im Gespräch erwähnt habe.
Spontane Unternehmungen zu zweit bzw. zu dritt mit unserer Tochter.

Erst vor kurzem hat sich so ein Moment ergeben:
Der Opa meines Mannes hatte Geburtstag. Ich wollte mit unserer kleinen Tochter (fünfeinhalb Monate) im Kinderwagen zu Fuß hingehen, das sind ca. sechs Kilometer. Mein Mann wollte später nachkommen, da er noch geschäftlich zu tun hatte. Gerade als ich losgehen wollte, kam er nach Hause, da er mit seiner Arbeit bereits früher fertig geworden war. Ganz spontan entschied er sich, mit uns mitzukommen. So waren wir eine Stunde zu Fuß unterwegs, konnten uns richtig schön unterhalten, während  unsere Tochter im Kinderwagen friedlich schlief.
Für mich war das eine ganz besonders schöne Stunde, da mein Mann als Geschäftsführer sehr viel arbeitet und so die Zeit für uns sowohl als Paar als auch die Zeit für uns als Familie oft etwas auf der Strecke bleibt.

Mir sind die Momente wichtig, in denen ich Zeit für meinen Partner und mich habe – kein Fernseher, kein Handy, kein Telefon – nur wir beide!
Wenn ich meine Tochter und meinen Mann zusammen sehe, steigen mir Tränen in die Augen vor Freude – diese Momente sind magisch für mich, denn ich bin unendlich dankbar für dieses Glück!

Natürlich gibt es auch Vorstellungen von magischen Momenten bei einem Urlaub auf den Malediven – das ist ein Traum von mir!

Die „kleinen" magischen Momente sind mir aber wichtiger – bewusst feststellen, dass man sich hat: am Wochenende spontan gemeinsam kochen oder im Bett frühstücken oder sich einfach mal tief in die Augen schauen und merken, wie sehr der andere einen liebt!

## Daniela, 49, Unternehmerin

Das magische an magischen Momenten ist es, sich wirklich zu begegnen – mit dem Partner und sich selbst in Liebe verbunden zu sein! Und dieses Gefühl der Liebe und Verbundenheit gemeinsam zu spüren und wertschätzend zu genießen.

Wie die „äußeren Umstände" der magischen Momente aussehen, ist ganz unterschiedlich.

Ich liebe es zum Beispiel, gemeinsam in der Natur zu sein und habe dort schon viele magische Momente erleben dürfen.

Mein Lieblingsbuch vorgelesen zu bekommen – mit vielen brennenden Kerzen vor einem Kaminfeuer ... oder wenn er mir nach einem langen Tag zuhört und ich dabei die Füße massiert bekomme, das sind auch noch zwei großartige Ideen, die Freude machen. Kleine Aufmerksamkeiten, die mich zum Lächeln bringen und mich die Liebe und Wertschätzung meines Partners spüren lassen – sie verschönern das Leben. Ebenso, wenn er mir sagt, was er an mir schätzt – und umgekehrt natürlich auch.

Eine gute Idee finde ich auch, die „magische Frage" zu stellen: „Was wünschst du dir? Was würde dir Freude machen? Was wäre für dich ein magischer Moment?"

## Karin, 55, Heilpraktikerin

Anfangs fiel mir gar nichts ein zum Thema magischer Moment – doch als ich länger darüber nachdachte und meinen Fokus, meine Aufmerksamkeit auf solche Momente auch im Alltag richtete, stellte sich schnell wieder eine sehr liebevolle Situation in meiner Beziehung ein. Das hat mir einmal mehr deutlich gemacht, dass es natürlich auch an mir liegt, was ich bekomme vom anderen bzw. zurückbekomme. Ursache und Wirkung ... Da ich meinen Fokus verändert habe und zunächst einmal „investiert" habe, was ich empfangen wollte, änderte sich auch etwas in meiner Beziehung.

Und das ist für mich das wichtigste: Im Beziehungsalltag eine sehr liebevolle Stimmung im Umgang miteinander. Für mich zählen die täglichen Augenblicke, wertschätzende und anerkennende Worte, ein tiefer liebevoller Blick, eine feste herzliche Umarmung, der morgendliche Tee, der schon auf mich wartet – das kann natürlich auch mal andersrum sein; wer zuerst wach ist, kümmert sich um den anderen mit.

Der entsorgte Müll, das aufgehängte Bild, die frisch eingekauften Erdbeeren im Kühlschrank, die vielen täglichen Kleinigkeiten, die mein Partner ohne Aufforderung in das tägliche Miteinander einbringt, die irgendwann einmal ausgesprochenen Wünsche, die erfüllt werden und so weiter. Für mich zählt jeder Moment, ich möchte jeden Tag genießen!

Ich denke, das wichtigste ist, es sich jeden Tag oder möglichst oft bewusst zu machen, dass es schön ist, mit genau diesem Menschen Zeit zu verbringen, Lebenszeit zu teilen und dass diese gemeinsam verbrachte Zeit nicht selbstverständlich ist.

Die besonderen magischen Momente sind für mich z. B.: ein Picknick am Meer bei Kerzenschein, ein Opernbesuch, ein klassisches Konzert, ein spontan verplantes Wochenende, eine Kurzreise z. B. in ein Wellnesshotel, eine Waldwanderung mit einer Brotzeit im Rucksack, ein Rosenstrauß. Ein Zettelchen, auf dem steht „Ich liebe dich!" auf dem Tisch oder irgendwo in meinem Koffer, wenn ich allein verreise. Wenn wir durch die Stadt bummeln und sehen etwas in einem

Schaufenster, das mir gefällt – und genau das liegt dann eines Tages
als Geburtstags- oder Weihnachtsgeschenk auf dem Tisch …

## Christina, 40, Geschäftsführerin

Was ist ein magischer Moment? Das ist eine sehr persönliche Frage –
und die Antwort darauf ist ebenfalls persönlich und individuell. Der
Zauber des Augenblicks liegt für mich in dem, was für mich unerwartet und spontan stattfindet. Dies kann ein spontanes Picknick, ein
gemeinsamer Spaziergang, ein Anruf, ein Blick, ein Ausflug oder
Nacktschwimmen im See sein … Da gibt es so vieles, was allerdings
von der Situation und vom Partner abhängt.
Für mich ist es wichtig, offen für magische Momente zu sein, auch mal
etwas Verrücktes und Unvernünftiges zu tun, was aber sehr viel Spaß
machen kann und so lange in schöner Erinnerung bleibt.

## Corina, 44, Versicherungskauffrau

1. Einfach mal aus einem ganz normalen Moment etwas besonderes machen, indem man heimlich eine Flasche Sekt und zwei Gläser im Auto oder in einer Tasche versteckt und die Partnerin dann beim Einkauf, im Kino oder im Bus damit überraschen ...

2. Er nimmt sich den Zweitschlüssel ihres Autos und legt heimlich einen Strauß roter Rosen hinein, Kinokarten, Musicaltickets usw.

3. Heimlich kleine Geschenke oder Zettelchen mit Liebesbotschaften in ihrer Jackentasche verstecken ...

4. Schick ihr einfach mal eine Postkarte mit einer Liebeserklärung!

5. Organisiere einen Wochenendausflug, ohne ihr etwas davon zu sagen. Setz sie einfach ins Auto und fahre zu einem Ziel, das nur du kennst ...

6. Hole deinen Schatz am Freitag von der Arbeit ab und entführe ihn in ein Hotel, in dem du ein schönes Doppelzimmer mit Candle-Light-Dinner gebucht hast. Vorher nochmal nach Hause fahren ist verboten

7. Zusammen einen Schneemann bauen und danach ab in die warme Stube zum Kuscheln

8. Einfach an einem ganz normalen Tag die Liebste über eine Zeitungsanzeige grüßen, ohne jeden Anlass, z. B.: „Einen wunderschönen guten Morgen, meine (Kosename) Ich liebe dich! Dein ...“

9. Eine romantische Kutschfahrt arrangieren ... mit Sekt

10. Eine gemeinsame romantische Nachtwanderung mit dickem Wollpullover, Taschenlampe, einer Decke und einer Flasche Rotwein, um gemeinsam den Sternenhimmel zu betrachten ...

11. Peppe die Aufzugfahrt, die ihr zu zweit macht, mit einem langen, leidenschaftlichen Kuss auf ...

12. Zusammen Weihnachtsplätzchen backen, Kochen usw.

13. Lege ihr ein Herz aus roten Rosenblüten aufs Kopfkissen ...

14. Sich bei Kerzenlicht und Kuschelrock unter der Dusche mit einer Meersalz-Öl-Mischung gegenseitig massieren, der gekühlte Sekt darf dabei nicht fehlen ...

15. Mache aus dem Schlafzimmer ein leuchtendes Kerzenmeer

16. Klemm deiner Liebsten eine rote Rose unter den Scheibenwischer

17. Lege deiner Süßen eine schöne rote Rose (Dornen vorher besser entfernen) ins Bett, bevor sie aufwacht

18. Mache mit ihr ein ausgiebiges Kuschelfrühstück im Bett

## Maria, 51, Lebensberaterin

Ich finde, magische Momente können im Großen und im Kleinen stattfinden. Ich denke, diese Momente entstehen im Herzen, aus Liebe zum anderen, und diese Liebe setzt unendlich viel Kreativität frei. Ich z. B. fange schon im Jänner an, meinem Mann genau zuzuhören bzw. aufzupassen, wenn er sagt, dieses oder jenes wäre toll, das könnte ich brauchen, und so findet sich übers Jahr viel, was ich ihm immer wieder schenken kann, oder aber auch zu Weihnachten, Geburtstag, Hochzeitstag etc. Auch finde ich es magisch bzw. bezaubernd, wenn ich morgens auf dem Küchentisch einen Zettel finde, mit dem mir mein Mann einen wunderschönen Tag wünscht, dass er mich wunderbar findet und mich liebt. Das ließe sich nur mehr toppen, wenn ein Gänseblümchen aus dem Garten draufliegen würde; kleine Geschenke – Gänseblümchen – erhalten die Freundschaft ...
Magisch fand ich auch, als wir im tiefsten Afrika Urlaub machten und ich meinen 40. Geburtstag feierte. Wir übernachteten in einem afrikanischen Pavillon, als es morgens klopfte und ein Bediensteter, über das ganze Gesicht strahlend, brachte mir ein Sektfrühstück ans Bett – organisiert hatte das mein Mann. Allein im tiefsten Busch eine Flasche Sekt aufzutreiben ...
Außerdem – obwohl das schon fast abgedroschen ist – ich freue mich über jeden Blumenstrauß und über jedes Mitbringsel von einer Geschäftsreise! Es ist ja auch die Kunst, sich die Freude im Herzen zu bewahren, so dass man magische Momente überhaupt bemerken, erleben, genießen und bewahren kann.
Und meines Erachtens tragen spontane Einladungen oder Unternehmungen ohnedies schon Magie in sich. Man muss sich nur ein wenig führen lassen, dann entstehen unvergessliche Momente.
In unserem Ort war ein junges Pärchen, das sich getrennt hatte. Er litt sehr darunter und wollte seine Freundin zurückgewinnen. Sein inspiriertes Herz ließ ihn ein Betttuch bemalen, darauf stand: Katrin ich liebe dich!, und das hängte er am Ortseingang in der Kurve an einen Gartenzaun, wo wirklich jeder täglich vorbeifahren und -gehen musste. Es wusste also der ganze Ort Bescheid und Katrin ... Für sie war das bestimmt ein magischer Moment. Auch ich freute mich jeden Tag, wenn ich daran vorbeifuhr.

## Karen, 49, Mutter und Unternehmerin

Wir waren mit dem Motorrad unterwegs und hatten zum Übernachten eine Feuerstelle auf einer Waldlichtung gefunden. Das erste Mal unter freiem Himmel übernachten und den Sternenhimmel zu bewundern war ein magischer Moment, den ich ohne meinen Mann so nicht erlebt hätte.

Das erste Mal, als ich meinen Mann in schwarzer Lederlatzhose und Muskelshirt sah, war zum Luftanhalten – ein magischer Moment.

Ein magischer Moment bedeutet für mich einen Augenblick des Innehaltens – berührend, anziehend.

Als ich von meinem Mann ein aus Draht gebogenes „Männle" geschenkt bekommen habe, eingepackt in eine lila besprühte Mon Chéri-Packung.

Als ich nach dem Kaiserschnitt aus der Narkose erwachte und er unsere Tochter auf dem Arm hielt – das war ein magischer Moment.

## Linda, 27, Moderatorin

Magische Momente – das klingt nach Purzelbäume schlagen, Luftschlösser bauen, nach Lust und Leidenschaft!
Doch es ist genau dieser eine Moment. Ein Moment wie tiefe Zufriedenheit, wie eine feste Freundschaft, die die Herzen näher zusammenrücken lässt.
Herzflimmern ...
Meine magischen Momente fühlen sich an wie tiefe Verbundenheit, Lachen am ganzen Körper und vor allem aber Adrenalin im Herzen.
Frag nicht, ob es richtig ist, man fühlt es! Es gibt keine Gesetze oder gar Formeln.
Diese Momente ereignen sich manchmal, wenn man dieselben Gedanken zur selben Zeit hat, es ist vor allem Zeit, die man miteinander verbringt und in der man füreinander da ist.
Ein magischer Moment kann so vieles sein. Es ist die Sehnsucht, wenn der Partner weit weg ist und doch immer irgendwie bei dir.
Es ist Zeit, die man teilt, und seien es auch nur wenige Minuten. Es sind manchmal die kleinen Dinge im Leben, die zu etwas Großem werden, ohne dass wir es mitbekommen.
Es ist blindes Vertrauen, wenn er mir die Hand reicht, ohne ein Wort zu sagen.
Wenn er mir tief in die Augen blickt und ich in diesem Augenblick alles vergesse, wenn er mir eine Blume schenkt als Zeichen von Schönheit, wenn er mir die Möglichkeit gibt, frei zu sein.
LASS MICH MIT DIR UND OHNE DICH FLIEGEN ...! Lass mich mit dir durch die Welt tanzen!
Er ist in diesem Moment mein Freund und doch so viel mehr. Es war der Moment, an dem wir beide die gleichen Dinge sahen, taten und fühlten.

In Liebesdingen sind wir alle 15 Jahre alt. Wir sind aufgeregt und wissen nicht, was wir tun sollen. Das ist wundervoll.

Man sollte immer mehr geben als nehmen und nur Dinge tun, die wirklich echt sind.

Übertreibe nie einen schönen Augenblick, lass ihn einfach zu! Er ist einfach da.

Es ist ganz einfach Zufriedenheit, ein Glitzern in den Augen, wenn man gerade einen schönen Augenblick teilt! Frauen wollen doch eigentlich alle nur das gleiche: Die eine große, echte Liebe sein. Freund und Partner aus Leidenschaft.

## Claudia, 44, Versicherungskauffrau

Wenn der Partner nach Hause kommt und ganz unerwartet und ohne besonderen Anlass mit einer Rose in der Hand vor dir steht.
Es kann auch irgendetwas anderes sein, eine Kleinigkeit, die von Herzen kommt. Ich habe neulich eine Tüte rote Gummiherzen geschenkt bekommen, darüber habe ich mich sehr gefreut.

... wenn man mit einem Wohlfühl-Wellness-Wochenende überrascht wird, aber auch andere Überraschungen sind sehr große magische Momente. Einfach mal wieder etwas zu zweit zu unternehmen ...

... wenn dir der Partner vorm Einschlafen ein paar schöne Worte ins Ohr flüstert.

... wenn dich dein Partner ganz unverhofft anruft – nur um deine Stimme zu hören oder dir etwas Nettes zu sagen.

## Sue, 47, Personaltrainerin und Coach

Also, für mich sind magische Momente:

- wenn ich jeden Abend in den Arm genommen werde und so einschlafen darf
- wenn mein Schatz versucht, in meine „Welt" einzutauchen und mich zu verstehen
- wenn er meine Stimmungen spürt und mich zum Reden bringt, wenn ich selber Mühe habe damit
- wenn ich erlebe, wie er sich immer weiter entwickelt und Anregungen von mir aufnimmt
- wenn ich erzähle, woran ich Freude habe – und es dann geschenkt bekomme
- wenn ich mit einem feinen Essen und liebevoller Tischdekoration verwöhnt werde
- wenn ich überrascht werde mit Unternehmungen und kleinen Geschenken
- wenn ich beim Aufstehen, auf einer Reise oder wo auch immer liebe Worte an mich auf einem Zettelchen finde
- wenn ich im Alltag an kleinen Gesten spüren darf, dass wir uns nahe sind
- wenn er ganz viel Praktisches für mich erledigt und mich im Alltag unterstützt
- wenn er mir Aufgaben abnimmt, die ich auch erledigen könnte, die ich aber nicht gerne mache
- wenn er mir manchmal auch Dinge sagt, die ich nicht hören will, aber hören sollte – und die mir dann sehr gut weiterhelfen
- wenn er auch in der Öffentlichkeit Dinge tut, die er früher nie getan hätte – die mir aber wichtig sind
- wenn wir zusammen lachen und uns über die ganze Welt freuen
- wenn wir uns gegenseitig necken
- wenn wir uns amüsieren über unseren selbstkreierten Wortschatz
- wenn ich liebe, lustige Übernamen bekomme
- wenn ich unter dem Jahr Blumen bekomme – einfach so!
- wenn er mir sagt, dass er rundum glücklich ist mit mir zusammen
- wenn wir uns lange in die Augen schauen

- wenn ich spontan umarmt werde
- wenn er zeigt und formuliert, dass er stolz ist auf mich
- wenn wir zusammen lernen
- wenn wir zusammen spannende Events besuchen und danach
  stundenlang darüber reden können
- wenn Zärtlichkeiten 24 Stunden lang Platz haben
- und noch vieles mehr ...

Mein Schatz ist für mich wirklich der Größte – und magische Momente
gibt es jeden Tag!

## Ursula, 59, Erzieherin, Kauffrau und Networkerin

1. Mein Mann und ich haben bei einer Bergtour den Gipfel in mindestens 3.000 Meter Höhe erreicht (das ist immer etwas besonderes für mich), und er breitet eine feine Picknickdecke aus, zaubert eine Flasche Champagner, zwei Gläser und rote Rosen aus seinem Rucksack und sagt: „Was ich dir schon immer sagen wollte ...“

2. Er organisiert eine 14-tägige Pilgerreise auf dem Franziskusweg von Assisi nach Rom und überrascht mich damit. Ich denke, dass es auf einer solchen Reise ganz viele magische Momente geben kann.

3. Besonders magisch sind für mich gute Gespräche, die unserer Beziehung besonders guttun. Immer im Dialog bleiben und gemeinsam von Zielen und Visionen träumen.

4. Blumen sind für mich natürlich immer magisch.

5. Mal wieder eine Nacht durchtanzen.

6. Erfolgreich arbeiten und ein gemeinsames Lebensziel verfolgen, z. B. ein soziales Projekt unterstützen.

7. Mal in freier Natur unterm Sternenhimmel am Lagerfeuer nächtigen.

8. Ich laufe einen Halbmarathon und mein Mann empfängt mich als erster im Ziel, oder – noch besser – er läuft selbst mit.

## Birgit, 56, Arzthelferin

Ein ehrliches Kompliment, wenn ich psychisch angeschlagen bin, was immer mal wieder vorkommt. Wenn er mir dann Dinge sagt, die er an mir liebt und schätzt. Das hilft mir immer.

Ein Strauß Blumen, es können auch Wiesenblumen sein – einfach so, um mir eine Freude zu machen.

Spontan zusammen eine Auszeit zu nehmen, seien es nun zwei oder drei Stunden oder auch einmal ein ganzer Tag – nur wir beide und unser Hund: Wandern, Baden, einfach genießen und zusammensein.

In der kalten Jahreszeit am Kamin zu sitzen mit einem guten Glas Wein und einfach die Nähe des anderen spüren.

Wenn er nach 34 Ehejahren sagt, dass er mich sehr liebt und mit mir alt werden will.

Dass er mich schön findet, so wie ich bin – auch wenn ich manchmal anderer Ansicht bin.

Wenn er mir zum Geburtstag, zum Hochzeitstag oder zu Weihnachten etwas Persönliches schreibt — was er sehr gut kann —, das berührt mich immer sehr!

## Hanne, 51, Heilpraktikerin

Er fragte mich eines Tages: „Was ist für dich Liebe?" Da ich sehr viele Definitionen dazu gelesen hatte, erzählte ich ihm einiges dazu. Er sagte dann: „Liebe ist: Ich will das für dich, was du für dich willst."

Vor einigen Jahren absolvierte ich eine aufwendige Ausbildung, merkte aber während der Prüfungen, dass ich das Gelernte niemals konkret anwenden und anderen gegenüber vertreten wollte. Ich wollte nichts mehr damit zu tun haben. Mein Mann dagegen führt jede Sache, die er einmal begonnen hat, konsequent zu Ende – wenn auch auf seine Art. Für ihn würde es überhaupt nicht nachvollziehbar sein, die lange und anstrengende Ausbildung einfach hinzuschmeißen.

Ich rang einige Tage mit mir um eine Entscheidung: Sollte ich nun das in der Ausbildung erworbene Wissen doch anwenden? Schließlich hatte er mich während der Ausbildung sehr unterstützt, wir hatten lange kaum Freizeit. Oder stehe ich zu meiner eigenen Wahrheit und bleibe konsequent bei meinem Nein zu diesem Beruf?

Schließlich folgte ich meinem Bauchgefühl und teilte ihm meinen Entschluss mit – und dies, obwohl wir ursprünglich geplant hatten, gemeinsam diesen Beruf auszuüben.

Daraufhin schwieg er lange, und mir war ganz unwohl. Schließlich sagte er: „Ich hätte nie so entschieden, das weißt du. Und ich bin stolz auf dich, dass du eine Entscheidung getroffen hast, bei der du dir treu bleibst, obwohl du meine Einstellung dazu kennst."

Ich hatte viele magische Momente mit ihm erlebt, aber das war der größte.

Er fragt mich jeden Tag: „Wie geht es dir heute, wie war dein Tag? Was hast du erlebt?"

Außerdem hat er meinen Sohn finanziell unterstützt, damit er den Flugschein machen konnte. Der Vater meines Sohnes hatte ihm, obwohl er vermögend ist, die Unterstützung verweigert.

Wir sind nun zwölf Jahre zusammen und hatten schon viele Meinungsverschiedenheiten, aber keinen einzigen Streit, kein lautes Wort.
Alle unterschiedlichen Ansichten sprechen wir konsequent in der „Ich-Form". Gemeinsam überlegen wir dann, wie wir es besser machen könnten, so dass es für beide passt, oder aber wir beschließen, bestimmte Dinge getrennt zu unternehmen, weil es sonst zu einem von uns nicht passen würde.


## Melanie, 32, Fachinformatikerin

Magische Momente entstehen auch im Alltag, in gewöhnlichen Situationen.
Ein nettes Wort, ein Lächeln, einfach mal eine Umarmung, ein nettes Kompliment oder auch ein Blumenstrauß.
Das gibt einem ein gutes Gefühl und man öffnet sich dem Partner wieder.
Für mich wäre es ein Highlight, wenn mich mein Mann mit einem kinderfreien Wochenende überraschen würde. Die Kinder bei den Großeltern und nur wir beide als Ehepaar unterwegs. Das könnte bei einem romantischen Dinner am See, bei einem Konzert, im Kino, in unserer Lieblingskneipe oder mit einer Fahrt ins Blaue enden.

## Ellen, 57, Bankkauffrau, Sekretärin, Networkerin

Ich mag die kleinen Schächtelchen vom Juwelier zwar auch sehr gerne, aber für mich sind die magischen Momente trotzdem jene kleinen Dinge und Begebenheiten, die mich sehr glücklich machen.

So fängt für mich schon jeder Morgen wunderschön an. Mein Mann ist Frühaufsteher. Er deckt den Frühstückstisch, erst dann weckt er mich auf eine ganz liebevolle Art und Weise – nach 30 Jahren weiß er auch, wie, so dass für mich der Tag ohne Herzrasen und Kreislaufprobleme beginnt ... Das ist für mich der erste Glücksmoment. Dann frühstücken wir noch gemeinsam, besprechen den Tag und mein Mann muss dann zur Arbeit – noch viel schöner wäre es, wenn wir den Tag gemeinsam verbringen könnten. Daran arbeiten wir momentan und ich freue mich schon sehr darauf.

Oder, letztes Jahr im Advent: Wir hatten im Garten eine wundervolle Tanne mit einer Lichterkette. Es hat lange und gleichmäßig geschneit. Im Kachelofen hat das Feuer geknistert, abends haben wir zusammen gekocht, den Tisch schön gedeckt, eine gute Flasche Wein aufgemacht, sehr gut gegessen und tolle Gespräche gehabt. Bei Kerzenschein saßen wir noch lange zusammen und haben die anheimelnde, gemütliche Atmosphäre genossen. Das sind für mich ganz große Glücksmomente, die ich sehr genieße und für die ich sehr dankbar bin.

Als wir das erste Jahr in unserem Haus wohnten – wir sind im Juni 1984 eingezogen –, waren wir an Silvester alleine. Zuerst dachte ich: „Nein, wie blöd!", aber dann haben wir es uns richtig gemütlich gemacht mit Kochen, Essen, Reden. Kurz vor Mitternacht sind wir mit einer Flasche Sekt durch den tiefen Schnee zu einem Aussichtsturm in der Nähe gestapft, um zu zweit ins neue Jahr hineinzufeiern und das Feuerwerk rundherum so richtig zu genießen. Das war auch so ein magischer Moment für mich. Schade war nur: Als wir den Sekt aufgemacht haben und jeder einen Schluck getrunken hatte, ist der Rest in der Flasche einfach eingefroren – so eisig kalt war es ...

Am Muttertag etwa, da denken viele Männer an das einfachste: rein in den Blumenladen, Blumen kaufen, raus aus dem Blumenladen. Aber für mich ist es echt ein Highlight, wenn mein Mann auf einer Blumenwiese einen Strauß pflückt und diesen nachher geradezu „profimäßig" in einer Vase zusammensteckt. Das beschert mir ein richtiges Glücksgefühl, weil es zeigt, dass er sich wirklich bemüht hat, um mir eine Freude zu bereiten.

Immer wieder wunderschön finde ich es, bei jedem Wetter – na ja, zumindest regnen sollte es nicht! – auf dem Wochenmarkt zu bummeln. Im Sommer und im Spätherbst ist es am schönsten. Da herrscht dann ein fast mediterranes Flair.
Das heißt dann früh aufstehen (da stehe ich gerne auf) und fast der erste auf dem Markt sein, Blumen einkaufen oder leckeres Obst und Gemüse, einen Zwiebelkuchen essen und einfach die Menschen beobachten. Das ist super!

Es gab noch ganz viele magische Momente für mich, doch die alle hier aufzuzählen würde sicherlich den Rahmen sprengen Für die Zukunft weiß ich aber noch ganz, ganz viele!

Deswegen hier nur noch ein letzter Satz – magische Momente für mich:

Wenn mein Mann sich für mich Zeit nimmt, mich ernst nimmt, mir zuhört, mit mir zusammen etwas unternimmt und Spaß hat, mit mir zusammen an unserem Ziel arbeitet. – Mir ist der Wert gemeinsam verbrachter Zeit absolut bewusst.

Beim erneuten Durchlesen stelle ich fest: Magische Momente haben meist mit Zeit und Kreativität zu tun. Ist doch ‚eigentlich' ganz einfach …

## Simone, 39, Schneidermeisterin

Für mich sind magische Momente ganz einfache Situationen, die magisch werden.

Wenn man z. B. einen Menschen, den man mag, beobachtet und dieser Mensch wendet sich einem plötzlich zu und lächelt, weil er deinen Blick oder deine Anwesenheit gespürt hat.

Oder wenn man jemandem eine SMS schreibt und dann lange keine Antwort bekommt, irgendwann das Handy in die Hand nimmt, um nachzuschauen, ob denn nicht doch eine Nachricht eingegangen ist und es dann genau in dem Moment aufleuchtet, das ist für mich auch magisch.

Für mich persönlich und, wie ich aus Berichten von Freundinnen und anderen Frauen weiß, ist es magisch, wenn Männer Sprüche aus sogenannten Frauenfilmen in einen romantischen Abend einflechten. Oder wenn sie mit ihr zusammen einen solchen Frauenfilm anschauen. Dabei sollte möglichst die Frau den Film aussuchen – und er sich unpassende Kommentare verkneifen!
Oder wenn der Mann bei einem Kuss den Kopf der Frau ganz sanft in beide Hände nimmt und sie richtig kitschig, ja geradezu filmmäßig küsst. So sind Frauen nun mal ...
Solche Szenen hassen Männer, weil sie sich dabei gehenlassen müssen, aber das ist es, was Frauen wollen!

# Edith, 57, Sport- und Gymnastik-Lehrerin

Ich bin Mutter von drei Kindern und seit 33 Jahren mit einem
Maschinenbau-Ingenieur verheiratet.
Meine magischen Momente:

- wenn ich von meinem Mann in meiner Emotionalität akzeptiert und
  respektiert werde – wenn ich so sein kann, wie ich bin.
- wenn ich etwas sehe, z. B. eine Handtasche, und ich würde sie mir
  gerne kaufen, und mein Mann schenkt sie mir – einfach, weil er
  bemerkt hat, dass mir diese Tasche viel bedeuten würde und ohne
  dass ich diesen Wunsch direkt geäußert habe.
- wenn ich von meinem Mann ein Geschenk bekomme und es mir
  rätselhaft ist, wie er dies organisiert hat.

## Stefanie, 51, Psychotherapeutin

Ein magischer Moment wäre es für mich, wenn mein Mann mir
anbieten würde, einfach meinen Rücken zu streicheln und sanft zu
kratzen, ohne Zeitlimit – das wäre ein tolles Geschenk: Ich darf mich
einfach nur hinlegen und er verwöhnt mich.

## Annamaria, Anfang 40, Übersetzerin

Magisch für mich wäre, wenn mein Mann sich an jene Dinge erinnern würde, die mir Freude bereiten.
Meine Freundin hörte mich beispielsweise einmal sagen, dass ich eine bestimmte Seife oder ein Parfum liebe – und das schenkte sie mir dann zum Geburtstag. Davor habe ich denselben Wunsch etwa zehn Mal meinen Mann gegenüber geäußert ... Na ja, ich würde mir wünschen, dass er mir aufmerksam zuhört, wenn ich über meine Wünsche spreche und mich dann damit überrascht.

Dass man gemeinsam schöne Momente verbringt, dass man ähnliche Vorlieben hat und bestimmte Interessen teilt – schöne Dinge, die beiden Spaß machen.

Ich mag Spaziergänge im Park, Sonnenaufgänge, Sonnenuntergänge – ganz einfache Dinge, die mir Freude und Spaß bereiten. Es muss kein 5-Sterne-Hotel sein.
Es kann etwas ganz einfaches sein, aber die Initiative sollte von ihm ausgehen.

## Sabrina, 24, Sportkauffrau

Ausflüge machen,
Reisen,
ab und zu Blumen,
alleine Zeit verbringen und zusammen Zeit verbringen.
Dass man Gemeinsamkeiten hat.
Du bemerkst die Magie, das Gefühl ist immer da.
Das ist meine Magie, aber das suche ich mir auch vorher schon aus.
Man muss schon an einer Beziehung arbeiten, damit sie interessant bleibt.

Um Geld geht's mir dabei nicht!

Paragleiten oder andere Extremsportarten wie Bungee-Jumping zum Beispiel, das ist schon cool, wenn du einen Partner hast, der dich dazu einlädt und selbst mitmacht.

# Miriam, 37, Kosmetikerin

Einfach die Leichtigkeit in voller Harmonie zu genießen mit vielen Menschen, die mir wichtig sind und die ich mag.

Von meinem Partner erwarte ich ganz viel Tiefe, Intimität und Glück in der Zweisamkeit.

Ich würde mir wünschen, zwei oder drei Tage ganz allein mit ihm zu sein, ohne jegliches Umfeld, ohne andere Menschen, ohne Job, nur das Alleinsein genießen. Nicht in einem Hotel, sondern vielleicht auf einer Hütte, schön eingebettet in der Natur.

## Maja, 34, Buchhändlerin

Magisch – Magen. Ja, wenn es im Magen kribbelt und ich mich ganz wohl fühle. Wenn es mir warm ums Herz wird und ich mich verstanden fühle.

Eines Abends sagte er nur: „Morgen Abend, Baby!"

Ich konnte natürlich vor Aufregung nicht einschlafen und kam aus dem Sinnen nicht heraus. Der ganze Tag war voller Spannung. Immer wieder lachte er mich an, wir tauschten Zärtlichkeiten aus und er war so lieb zu mir. Ich wollte natürlich wissen, was er vorhat, aber er schwieg. Schon allein das war für mich magisch, dass er nichts sagte. Dann klingelte es an der Haustüre, ein Mann, der wie ein Chauffeur gekleidet war, stand vor der Türe und sagte: „Der Wagen ist da!"

Ich war sooo aufgeregt, was für eine Idee! Wir fuhren in einem Rolls Royce durch die ganze Stadt und ich wurde immer aufgeregter. Und dann kamen wir an. Vor Jahren hatte ich ihm erzählt, dass ich in diesem Hotel gerne einmal übernachten würde – und an dem Tag hat er es wahrgemacht.
Die Koffer hatte er bereits gepackt und ins Hotel gebracht – auch meinen.

Dann das Essen: vom Feinsten! Er hatte mein Lieblingsessen bestellt und wir wurden vorzüglich bedient.

An diesem Abend schenkte er mir einen Ring und machte mir einen Heiratsantrag!

Ich spürte so eine Liebe in mir und zwischen uns, dass es mich jetzt noch beflügelt, wenn ich beim Schreiben daran denke.

Dann haben wir in der Suite übernachtet und am nächsten Morgen im Bett gefrühstückt.

Ein gelungenes Wochenende und eine Beziehung, die heute immer noch Magie besitzt.

Es gäbe natürlich viel mehr zu erzählen – mein Mann ist sehr aufmerksam und weiß sehr oft, was ich mir wünsche.

## Maike, 36, Lehrerin

Magische Momente sind für mich:

- wenn ich ein (ernst gemeintes!) Kompliment bekomme, z. B.: Du siehst toll aus, du bist sexy, das hast du super gekocht, usw.
- wenn sich mein Partner bei mir für die kleinen Alltagserledigungen bedankt, z. B.: Danke, dass du geputzt hast, dass du einkaufen warst, usw.
- Überraschungen sind auch super, z. B. ein Überraschungs-Ausflug, ein Überraschungs-Abendessen im Restaurant, usw.

## Bettina, 29, Hotelfachfrau

Wir waren abends Essen. Tolles Lokal, gutes Essen und sehr viele Gäste. Dann kam einer dieser dunkelhäutigen Rosenverkäufer herein.

Es war auffällig, wie plötzlich die Köpfe der Männer nach unten gingen, während die Frauen aufblickten.

Die Rosen gingen durch den Raum, von einem lachenden, braungebrannten Gesicht angestrahlt.
Der Verkäufer kannte die Situation und ich wurde nervös. Wie er mit dieser Ablehnung umging – ich hatte ihn schon ins Herz geschlossen.

Dann kam er auf unseren Tisch zu und ich beobachtete meinen Mann. Mir war der Mann mit den Blumen in dem Moment sehr nahe. Er tat mir leid.

Plötzlich winkte mein Mann ihm zu, lachte ihn an. Das Strahlen des Blumenmannes wurde noch schöner und er kam zu uns. Er zeigte meinem Mann die Rosen, der nickte und ich suchte mir eine aus. Da sagte mein Mann zu mir: „Nimm drei!"

Ich bemerkte die Frauen an den anderen Tischen, die uns die ganze Zeit beobachteten.

Mein Mann gab dem Verkäufer noch ein gutes Trinkgeld.

Was für ein Moment: Ich war die Königin unter all den Frauen hier, deren Männer nicht reagiert hatten.

Ein echter magischer Moment, ich war so stolz, so glücklich und wurde bewundert von den anderen Frauen.

Wow, ich würde meinen Mann sofort wieder heiraten!

## Rebecca, 33, pharmazeutisch-technische Assistentin

Alles ist wie immer: Frühstückstisch gedeckt, Kaffeeduft kitzelt mich in der Nase, mein persönlicher Fitnesstrainer weckt mich, bringt mir meine Sportklamotten, motiviert mich zum Sporttreiben, sagt mir, wie schön er mich findet, nimmt mich in seine starken Arme, streicht mir sanft über mein seidiges Haar, kämmt mir meine Haare, putzt mir meine Zähne.

Bei einem motivierenden und ideenreichen Gespräch mit ihm genieße ich frisches Obst auf Naturjoghurt ... in Bioqualität ... Er fragt mich, was ich gerne zum Mittagessen hätte ... und gibt meinem Koch Bescheid. Wir joggen zum Flugplatz, eine halbe Stunde lang.

Dann fliegen wir nach Mallorca, ich nehme ein kühles Bad im Meer, anschließend gehen wir zusammen Hand in Hand über den Strand zu unserem Haus ... Ich dusche ... das Wasser prasselt auf meine Haut ... kalt ... statt warm ...und ich merke, dass ich in meiner Hängematte liege, im Regen ... im kühlen deutschen Sommerregen. Und mein Mann ruft nach mir.

## Tamara, 34, Unternehmerin

Manchmal komme ich abends nach Hause und muss mir erst mal den Tag von der Seele reden. Wenn mein Mann mir dann, statt Ratschläge zu erteilen, einfach zuhört und mir durch seine Kommentare zeigt, dass er mich schätzt. Wenn er Dinge sagt wie: „Toll, das hast du gut gemacht, ich bewundere dich, ich liebe dich", dann spüre ich irgendwann, wie ich von der Außenwelt in meine Welt zurückkomme. Meine Wahrnehmung verändert sich, Leichtigkeit beginnt mich zu tragen, die Sicherheit und die Vertrautheit zu meinen Mann. Dann gehe ich auf ihn zu, lege meinen Kopf an seine Schulter, und die ganze Liebe, die wir beide für uns empfinden, beginnt mich zu tragen. Das ist für mich Magie: einfach sein zu können und keine Ratschläge zu bekommen, über die ich mich in Frage stellen müsste, doch etwas nicht richtig zu machen.

Mir fällt noch ein Moment ein, den ich mein Leben lang nicht vergessen werde. Es war ein ganz normaler Abend und er fragte, ob ich Lust habe, ins Kino zu gehen. Naja, eigentlich hatte ich keine große Lust. Am Eingang ging er einfach an der Kasse vorbei. „Hey Schatz, was ist mit bezahlen?", rief ich ihm nach. „Alles erledigt", sagte er und lachte mich an, und erst da fiel mir auf, dass er schon die ganze Zeit voller Freude und Übermut war.
Im Kinosaal klang Elton Johns „Skyline Pigeon" aus den Lautsprechern. Der Kinosaal war mit Blumen geschmückt, Kerzen brannten und in der Mitte am Durchgang zu den oberen Reihen war roter Samt über zwei der blauen Sessel drapiert, Champagner und Canapés standen bereit. Das Kino war für uns reserviert und wir waren ganz allein. Als wir Platz genommen hatten, erschien auf der Leinwand:

Ich liebe Dich, Tamara, mein Leben mit Dir ist „Wie im Himmel". Danke.

Und dann begann der Film „Wie im Himmel" von Kay Pollak.

Kannst du dir vorstellen, wie ich im Sessel saß?

Was ich damals spürte, kann ich nicht in Worten wiedergeben, ich kann nur sagen: Das hatte Klasse, das war unvergesslich und mega-magisch! – Ich habe ihm das nie gesagt, aber er ist mein Supermann.


## Anne, 33, Medizinstudentin

Es sind nicht nur die Überraschungen, die magische Momente schaffen. Ich war mit meinem Freund auf einem Chris de Burgh-sKonzert und es herrschte schon eine besondere Stimmung. Chris de Burgh war klasse, aber alle Besucher saßen auf ihren Sitzen, obwohl sicher viele gerne getanzt hätten. Die Musik berührte mich, und mein Freund spürte wohl irgendwie, dass ich tanzen wollte. Aber schüchtern, wie ich bin, hätte ich mich nie getraut, als erste aufzustehen und zu tanzen zu beginnen. Doch als unser Lied kam, „Lady in Red", stand er plötzlich auf, zog mich sanft auf den Gang und begann mit mir zu tanzen. Mir wurde heiß und kalt vor Aufregung, mein Herz pochte, aber dann ließ ich mich fallen. Ich vergaß die Menschen um mich herum, nahm nur noch uns beide wahr und wurde eins mit meinen Freund. Sein Mut, seine Sicherheit, seine Zielstrebigkeit – die anderen um uns herum waren ihm völlig gleichgültig. Die Musik und die Gefühle – ich habe mich so eins gefühlt mit ihm, mit mir – mit uns.

# Ingrid, 57, Eventmanagerin

Schon das Öffnen und Stöbern in meinen inneren magischen Momenten, in all diesen Schachteln und Schächtelchen hat mir große Freude bereitet.
Für mich sind Grundvoraussetzungen für einen magischen Moment

- genaues Hinsehen,
- genaues Hinhören,
- sich dem anderen ganz zuwenden und
- dann eine kreative Idee in die Tat umsetzen.

Ein magischer Moment zeichnet sich nicht durch seine zeitliche Dauer aus, sondern durch seine emotionale Intensität. Er berührt mein Herz und wird so für mich „zeitlos".
In einem magischen Moment blinzelt mich das Paradies an.

## Lebensbeispiel 1
Nach 25 Jahren Sendepause steht an einem Weihnachtsfest eine Jugendliebe vor der Tür und bittet um Verzeihung für sein damaliges ungerechtes Verhalten. Es war sehr bewegend für uns beide, dass eine offene Rechnung beglichen werden konnte und eine erstaunliche Erfahrung, dass Emotionen nicht altern.

## Lebensbeispiel 2
Ein Freund, der wusste, dass mich Kalligraphie in Verbindung mit wertvollem Papier begeistert, hatte mir zu meinem 25. Geburtstag ein von mir geliebtes Gedicht von einem chinesischen Geschäftspartner in chinesischen Schriftzeichen auf handgeschöpftes Papier kalligraphieren lassen und schenkte mir diese Schriftrolle.

## Lebensbeispiel 3
Vor Jahren hatte ich mich beim Besuch einer Kunstausstellung auf den Boden gesetzt, um mich besser auf ein bestimmtes Kunstwerk konzentrieren zu können. Ein etwa gleichaltriger schwäbisch sprechender Japaner fragte daraufhin, ob er mich fotografieren dürfe. Dadurch entstand eine ganz besondere ästhetische Atmosphäre.

**Lebensbeispiel 4**
Mein Mann und ich mögen historische Romane und Krimis. Und weil er weiß, dass ich auch seine Stimme liebe, liest er mir ab und zu aus einem Buch vor und es ist ganz wunderbar für mich, irgendwann dabei einzuschlummern.

Die Ideen hinter magischen Momenten sind wichtiger als ihr tatsächlicher materieller Wert.

## Sarah, 18, Bäckereifachverkäuferin

- Am Strand liegen und die Sterne anschauen
- Im Sommer, wenn es warm ist, morgens um 5 Uhr auf eine Wiese gehen, den Sonnenaufgang betrachten und zusammen kuscheln
- Eine Nacht durchdiskutieren und dann merken, dass wir doch die ganze Zeit einer Meinung waren
- Einen Ring geschenkt zu bekommen
- Wenn er mir von hinten „Ich liebe dich" ins Ohr haucht und seine Hand dabei auf meinen Bauch legt
- Wenn er an mich glaubt, auch wenn ich nicht mehr weiterweiß
- Auf dem Sofa chillen
- Zusammen Wii spielen
- Wenn er mich abends überraschend von der Arbeit abholt
- Mit dem Motorrad nach Monte Carlo fahren, einen Kaffee trinken und dann wieder nach Hause fahren
- Ein Open-Air-Konzert besuchen und anschließend im Zelt übernachten
- Gemeinsam einen Parcours im Hochseilgarten bewältigen
- Beim Segeln auf offener See Schwimmen gehen – 1000 Meter unter uns nur Wasser, nur wir beide und der Kat
- Morgens im Bett gemeinsam frühstücken, mit Brötchen von der Tankstelle
- Zusammen um die Wette joggen oder mit dem Mountainbike eine Bergtour fahren

## Mona, 28, Designerin

Wenn wir zusammen auf der Terrasse brunchen, ohne auf die Uhr zu sehen, an einem schön gedeckten Tisch und einem Buffet für zwei, dann kann ich fühlen, wie gut es uns geht.
Es sind für mich die Momente, die wir zeitverloren, jeder für sich und doch zusammen genießen.

Als wir unser Haus gebaut haben, war kaum Zeit für Leben, wir haben alle freie Zeit in unser Projekt gegeben. Die Geburt unseres Sohnes hat uns wohl getrieben und als wir eines Abends kurz vor dem Einzug noch einmal durch das Haus gingen, da knisterte es plötzlich zwischen uns, wir umarmten uns und küssten uns wild. Es war, als würde die ganze Anspannung der letzten Monate von uns abfallen und gleichzeitig sagten wir „Danke" zueinander. Plötzlich hatten wir beide Tränen in den Augen. Wir hatten gemeinsam eine große Herausforderung bewältigt und für unsere Familie ein Heim geschaffen. Das war für mich einer der größten Glücksmomente bis dahin.

Auch das gemeinsame Auswählen all der vielen Dinge, wie wir für das Haus brauchten, das waren  magische Momente. Ich glaube, dass es wichtig ist, sich abzusprechen und sich zuzuhören, auch der Respekt gegenüber dem Anderssein bedeutet mir sehr viel. Wenn wir dann nach langen Diskussionen zu einer guten Entscheidung kamen, war dieser magische Moment wieder da.
Sicher kann man magische Momente auch planen, aber sehr oft entstehen solche magischen Momente in einer zunächst ganz alltäglichen Situation, wenn ich mich verstanden fühle.

# Tina, 26, Reiseleiterin und Schriftstellerin

Es gibt Momente, die gehen bei mir nach innen ins Herz und die will ich nur für mich haben. Da wird es mir ganz warm und ich bin mir so sicher, alles wird so leicht. Das ist, wenn ich, nur ich gemeint bin, z. B. als er mich fragte: „Willst du meine Frau werden?" Ich hatte auf diese Frage gewartet, doch als er mich dann fragte, war ich trotzdem sehr berührt.

Magische Momente erlebe ich sehr oft beim Tanzen. Wenn wir gemeinsam über die Tanzfläche fliegen und unsere Leidenschaft finden, erst in uns selbst und dann im gemeinsamen Tanz. Wenn sich unsere Körper im Rhythmus wiegen und jeder Muskel, jede Sehne von diesem Rhythmus bewegt wird, ihm folgen will, ja folgen muss, weil nur darin Genuss zu finden ist. Alles an und in uns will sich ausdrücken, auch wenn der Zuschauer das nur ausschnittweise wahrnehmen kann und sich vielleicht sogar in uns verliebt, ohne genau zu wissen, warum. Unsere feuchten Körper ziehen sich an, stoßen sich ab und leben die Sehnsucht nach Einheit in Nähe und Distanz im Sekundentakt. Die Welt um mich herum verschwindet, ich schaue meinem Partner in die Augen und da ist er, der Lohn der Leidenschaft und der Anstrengung, des Hungers nach solchen Momenten, der manchmal einfach durch Loslassen der Kontrolle und Hingabe an das, was sein kann und will entsteht. Dann werden für mich Erotik, Lust und Leidenschaft zum magischen Glücksmoment.

Ich bin eine leidenschaftlich-sinnliche Frau, und ich liebe Wasser, Öle und Düfte.
Wenn ich nach Hause komme, duftet es nach Lavendel und Rosen. Brennende Kerzen beleuchten den Weg zum Schlafzimmer. Der Duft wird stärker, neben dem Spiegelschrank steht eine Flasche Champagner.
Heute hat er sich wieder etwas besonderes einfallen lassen, ein inneres Lachen steigt in mir auf und ich freue mich. Wir stoßen an, er sagt: „Danke, schön, dass es dich gibt. Ich liebe dich". Dann entkleiden wir uns gegenseitig und gehen ins Bad. Blütenblätter schwimmen auf dem Wasser und ich sehe das milchige Ölwasser, das mich an Kleopatra

denken lässt. Wir legen uns in die Wanne, im Hintergrund sanfte Klänge. Alles ist, wie es sein könnte, und wir überlassen uns ganz der Zeit und dem, was wir wollen.

## Manuela, 47, Schauwerbegestalterin, Kosmetikerin

- Wenn der Partner wahrnehmen kann, wie sich sein Gegenüber fühlt. Dazu braucht er keine telepathischen Fähigkeiten, doch sollte er im Gespräch Gefühle wie Trauer, Freude oder Unwohlsein etc. spüren.

- Wenn sich der Partner auch noch nach einer Woche oder einem Monat daran erinnern kann, wenn sein Gegenüber ihm etwas sehr wichtiges gesagt hat.

- Wenn der Partner nach und nach die Vorlieben bzw. Abneigungen des anderen wahrnimmt und diese auch respektiert.

Mit wenigen Worten: Feinfühligkeit, Achtung und Respekt. Im kaufmännischen Bereich würde man es Kundenwunscherkennung nennen.

## Tatjana, 39, Geologin

Ich habe über solche magischen Momente noch gar nicht richtig nachgedacht, aber erlebt habe ich viele davon.

Meine Wahrnehmung hat sich verändert und ist feiner geworden.
Ich reagiere heute auf ganz andere Frequenzen, wenn man so sagen will.

Früher war es eine Tour auf dem Motorrad und dann im Zelt irgendwo auf einem Berg oder in der Wildnis übernachten. Morgens Kaffee von einem blauen Campingkocher und ein Baguette dazu. Ein lautes Konzert, wenn er hinter mir stand, seine warmen Hände auf meine Hüften legte und wir den Rhythmus der Musik in uns aufnahmen.
Wenn wir Pläne für die Zukunft schmiedeten, hatte ich immer ein Gefühl von Sicherheit. Vielleicht war es das Gefühl, nicht mehr alleine zu sein, sondern mit diesem Mann leben und teilen zu dürfen.
Das war vor Jahren, heute sind wir immer noch zusammen und haben viele Herausforderungen gemeinsam durchlebt.
Heute sind es eher subtile Wahrnehmungen, die ich mache und dadurch immer noch die Magie zwischen uns spüre, intensiver sogar als früher.
Zum einen ist es natürlich das lange Zusammensein, das auch Alltag hat und braucht, zum anderen liegt es daran, dass wir immer noch offen sind für Neues.
Wir unternehmen zusammen sehr viel in der Natur. Frühmorgens zum Beispiel, wenn der Morgentau noch da ist und die Sonne zum Aufgehen bereit, dann sind wir oft schon unterwegs und nehmen die besonderen Stimmungen wahr, reden darüber, beobachten und meditieren auch gemeinsam im Freien.
Die Verbindung zur Natur und unsere Gespräche, zusammen mit der ganzen Stimmung, da geschieht etwas mit mir.

## Silke, 32, Kauffrau

Er sagte: „Halt dir den 30. diesen Monat frei."
Drei Tage vorher dann: „Lass uns feines Tuch besorgen", und geht mit
mir shoppen. Ich war so neugierig, aber er hat nichts verraten. Ein
starker Typ, mein Mann.

Am 30. kommt er früher von der Arbeit, ich renne schon seit drei
Stunden vor dem Spiegel auf und ab – die Spannung steigt.
Ich will ihm gefallen, will super aussehen, will seine Nummer eins
sein.
Dann fahren wir los und erst kurz vor unserem Ziel überreicht er mir
Eintrittskarten zum Musical „Tanz der Vampire"!
Ich hatte im vor Monaten gesagt, dass ich mir das wünsche.


## Friederike, 52, Lehrerin

Mein erstes Auto war eine Ente, ein 2CV, und ich liebte dieses Auto.
Zu meinem 50. Geburtstag stand tatsächlich eine Ente vor der Türe,
das Dach offen und hinten drin ein Picknickkorb. Wir sind wie damals
vor 30 Jahren nach Straßburg getuckert. Unterwegs picknickten wir auf
einer Wiese und ich dachte schon, dass wir wie damals im Zelt schlafen
würden. Aber wir fuhren weiter, machten eine wunderbare Tour und
landeten schließlich im romantischen Hotel Du Parc in Thann.

## Helen, 67, Coach und Unternehmerin

Wenn sich mein Mann etwas einfallen lässt, auf das ich selbst nicht gekommen wäre.

Wenn er mir einfach so einen Blumenstrauß schenkt.

Wenn er mich fragt, ob ich ein verlängertes Wochenende mit ihm verbringen möchte, an einem besonderen Ort.

Wenn er mir im Haushalt hilft.

Wenn er mit mir zu einem Konzert geht.

Wenn er mir ein Liebesbriefchen schreibt.

Kurz und gut: Wenn ich merke, dass er sich Gedanken gemacht hat, wie er mir eine Freude bereiten kann.

Das gilt natürlich auch umgekehrt: Das heißt, dass ich das auch so gemacht habe, und ich bekomme das, was ich vorgelebt habe, zurück. Wir sind jetzt fast 33 Jahre verheiratet und immer noch glücklich und verliebt!

## Katja, 42, Journalistin

Mein Partner schenkt mir einen Ring mit einem wunderschönen Stein und sagt: „Du bist meine Traumfrau, seit ich dich das erste Mal gesehen habe."

**Heidi, 50, Unternehmerin & Zahnmedizinische Assistentin**

Magische Momente sind für mich, wenn:

- mein Partner mir die Tür aufhält
- er mich anspricht, wenn es mir nicht gut geht (das merkt er schon bevor ich weiß, was mit mir los ist)
- er mich einfach so in den Arm nimmt
- er mich beim Vorbeigehen in den Nacken küsst
- er auf mich wartet wenn ich langsamer bin, als er
- er mir voller Freude ein Gläschen Prosecco zum Wochenend-Start einschenkt
- wir als Team zusammen arbeiten, um etwas zu erschaffen

Für mich sind kleine Gesten der Jungbrunnen des Alltags.


## Simone, 25, Unternehmerin

Bei mir gibt es nicht nur einen magischen Moment, sondern viele. Und ich bin sehr dankbar, dass mein Partner für mich immer wieder magische Momente zaubert.

- wenn er mich lobt und mir sagt, was ich gut mache und mich bewundert, dann ist das ein magischer Moment für mich.
- Wenn er morgens mit den Kindern aufsteht, damit ich länger schlafen kann.
- Wenn er mir im Haushalt hilft und wir uns die Arbeiten teilen.
- Wenn er mir Rosen mit nach Hause bringt oder mich fragt, ob ich noch einen Tee möchte.
- Wenn ich Lust auf ein ganz bestimmtes Essen habe und er dann extra losfährt, um mir genau das zu holen.
- Wenn ich ihm erzählen kann, worüber ich mich gerade ärgere und er mir zuhört.
- Wenn er mit mir zum Einkaufen geht und mir alles kauft was ich möchte – wirklich der Traum einer jeden Frau.

Es gibt viele magische Momente in unserer Beziehung, für die ich dankbar bin. Vor allem bin ich glücklich darüber, dass wir eine gute Kommunikation führen und uns immer einig sind.

Und natürlich MEIN magischer Moment 2021, bei einem Event in Griechenland.

Ich hatte gerade einen Workshop gegeben und als ich fertig war kam mein Mann ganz feierlich auf die Bühne. Vor über 100 Menschen, mit unserem Sohn auf den Armen fragte er mich: „Willst du mich heiraten?" Vor über 100 Zeugen sagte ich ja und das kam direkt aus meinem Herz.

Unsere große Tochter konnte leider nicht dabei sein, aber sie hat sich so sehr gefreut, dass Mama und Papa heiraten.

### Christin, 41, Unternehmerin und Friseurmeisterin

„Magic Moments" in unserer Beziehung:

Jede Umarmung ist wie ein Schwebegefühl, voller Leichtigkeit und es fehlt jedes Zeitgefühl. Überall kribbeln die Energien und alles ist warm. So besiegelten wir unser Zusammensein, wie kann es anders sein, mit einem gemeinsamen Fallschirmsprung.

Dieser „Magic Moment" beschreibt nach wie vor das Level unserer Beziehung: Frei und zeitlos, abenteuerlustig.

So begann unsere Reise:
Bedingungslose Liebe heißt: gemeinsam Wachsen, dadurch sind wir automatisch während vieler Situationen, durch Magie verbunden, beseelt.

Ein wundervoller Urlaub an der Nordsee sollte uns ein wenig Abwechslung bescheren:

Ich schaue immer mal wieder einfach so in den Himmel, da mich die Wolkenbilder inspirieren. So auch an diesem Tag kurz vor der Ankunft zu unserem Hotel.

Wir sahen beide im strahlendblauen Himmel eine Wolke, die aussah wie ein Engel!! Das außergewöhnlichste, was ich bis dato gesehen hatte! Sofort erfreuten wir uns beide über die richtige Wahl der Lokation.

Wir schauten jeden Abend „Herr der Ringe" an, nachdem ich erfahren hatte, dass meine Partnerin diese großartigen Filme nie gesehen hatte. Durch den Film inspiriert, legten wir in uns einen Grundstein für unsere Beziehung, so mächtig, wie so ein magisch geschmiedeter Ring sein kann. „Der eine Ring" nannte Tolkien ihn in seinem Epos.

Kurz darauf erlebten wir ein turbulentes Jahr mit mehr Tiefen als Höhen.

Bei einem gemeinsamen Gespräch auf unserem Balkon ging es sehr emotional zu. Ich bin im Grunde überzeugt, dass alles seinen Sinn hat und daher von Haus aus optimistisch. Meine Partnerin hingegen fand alles nicht so lustig. Ich konnte mit ihr mitfühlen. Dann kam mir der Impuls: absoluter Themenwechsel! Ich fragte sie, ob sie nicht Lust hätte, dass wir uns auch Ringe wie in dem Film zulegen wollen, nur aus Liebe geschmiedet. Ich selbst war überrascht, als ich merkte, dass eine Stimme durch mich sprach und der Impuls nicht von mir selbst gekommen war! Ich weiß es noch, als wäre es heute passiert! Ihre Laune war aber erst mal gerettet, ein magisches „Ja" hüpfte über ihre Lippen.

Der Weg zu dem Ring gestaltete sich als sehr interessant. Schnell war klar, es solle ein besonderer Juwelier sein, der den Ring anfertigen sollte. Mir war ein guter Juwelier bekannt, bei dem ich einmal eine besondere Kette gekauft hatte. Dort ließen wir uns zu unserem Thema: „Herr der Ringe im „love-modus" beraten. Nachdem wir die klassischen Themen, Eheringe, Freundschaftsringe etc. besprochen hatten und uns das Ganze zu kommerziell war, kam die Verkäuferin langsam in eine Richtung, die uns ansprach! Sie arbeite mit einem Goldschmied zusammen, der Schmuckstücke aus Tantal fertige. Das hatten wir noch nie gehört!

Der Werkstoff Tantal hat einen sehr hohen Schmelzgrad. 3x so hoch wie Gold. Und man wisse nicht so ganz genau, woher das Metall komme, man munkelt, es käme aus dem Universum. Zudem sei es eher selten. Das war es, nachdem wir gesucht hatten!!!... wir ließen uns die Ringe schmieden. Ganz wie im Film. Als ich die Ringe abholte, zelebrierte ich eine kleine Zeremonie, indem ich meine Liebe in Worte fasste und als Symbol in diese Ringe legte. Sie passten uns beiden wie angegossen und wir konnten die Magie der Ringe spüren. Unsere Ringfinger kribbelten beim Anlegen der Ringe. Seither legen wir sie fast nie ab. Ich bin heute überzeugt, dass wir ohne sie und ihre fühlbare Macht sicher nicht mehr zusammen wären. Manchmal gibt es doch höhere Mächte.

## Sandra, 35, Flug - Sicherheitsassistentin und Unternehmerin

Im Sommer 2021 überraschte mich ein Mann mit einer Einladung zu einem spontanen Trip mit seinem selbstausgebauten Van. Anfangs schrieben wir nur so zum Spaß hin und her, dass wir doch eigentlich morgen Vormittag gemeinsam für ein paar Tage wegfahren könnten. Ich muss gestehen, der Gedanke mit diesem großartigen Mann zu verreisen, ließ mein Herz gleich höher schlagen. Aus diesem eigentlichen Spaß, den wir uns machten, wurde dann ganz schnell Wirklichkeit. Er stand dann nämlich zwei Stunden später vor meiner Haustüre, um mich abzuholen. Natürlich war ich vorbereitet.

Wir fuhren einfach ohne Plan los, ließen es auf uns zukommen und uns treiben. Unser erstes Ziel war dann der Starnberger See. Wir erlebten dort eine so wundervolle Zeit. Es war, wie wir immer sagten: Paradiesisch!

Nun zum eigentlichen „Magic Moment" Da gab es diese eine bestimmte Situation. Wir paddelten gemeinsam mit einem Stand Up Paddle Board auf den See hinaus. Das Wetter war zudem noch traumhaft schön und der See glitzerte durch die Sonnenstrahlen, die sich darauf spiegelten.

Er fragte mich, ob ich mich aufs Board legen möchte, dann würde er mich über den See paddeln. Ich lag also auf dem Rücken und genoss den Ausblick nach oben, während er über mir stand und paddelte. In der Mitte des Sees angekommen, ließen wir uns ein wenig im Wasser treiben... Dann kam der magische Moment!

Er kniete sich über mich und stütze sich mit seinen Händen ab. Ich hatte zu dem Zeitpunkt meine Augen schon geschlossen und spürte diese wahnsinnig intensive Energie zwischen uns. Er kam mir langsam näher und ich spürte seinen Atem in meinem Gesicht.

Ich ließ es einfach auf mich zukommen.

Dann küsste er mich so zärtlich und schön. Mein Herz raste und ich spürte diese tausenden Schmetterlinge durch meinem Körper fliegen. Unglaublich! Es war so unbeschreiblich schön. Es war ein magischer Moment, an den wir uns beide sehr oft und gerne zurückerinnern.

## Claudia, 55, Unternehmerin

- mit meinem Schatz am Lagerfeuer sitzen und Zukunftspläne schmieden
- wenn er mich nachts liebevoll in den Arm nimmt und wir die Füße aneinanderschmiegen
- wenn er mir in den Nacken haucht
- er mir sagt, dass er mir vertraut und meine Verlässlichkeit schätzt
- wir zusammen zu unserem Lieblingssong tanzen und mitsingen
- Draußen im Schnee sitzen und Vollmond und Sterne bestaunen
- Auf dem Berg sitzen und den Sonnenaufgang erleben

Die Magie sitzt für mich in der Beobachtung und dem Erleben der Natur. Mir dessen bewusst zu sein, dass alles beseelt und miteinander verbunden ist und ich ein Teil davon bin und in jedem Moment respektvoll, demütig und dankbar damit umgehe.

Das Magischste ist für mich, den Mann gefunden zu haben, der das alles genauso empfindet und uns dadurch eine tiefe Liebe miteinander verbindet.

## Heike 39 Jahre , Unternehmerin

Ich sitze hier und überlege und mir fallen ganz viele Dinge ein. Wir sind definitiv kein Paar, welches ständig aneinander klebt oder ständig Händchen hält. Auch sind für mich Dinge wie: Blumen geschenkt bekommen oder romantische Abendessen usw. nicht so wichtig.

Bevor ich meinen Heirats-Antrag bekam, habe ich immer zu ihm gesagt: „wenn du vor mir auf die Knie gehst, ich glaube, dann muss ich lachen!", das passt einfach nicht zu ihm und ich möchte nicht, dass er etwas tut, was ihm nicht entspricht.

Mir sind die Momente im Alltag wichtig.

Unsere offenen Gespräche, wir können über wirklich alles reden. Wir haben keine Geheimnisse und können alles offen ansprechen.

Eine Umarmung, einfach so am Tag.

Dass wir uns gegenseitig unterstützen im Beruflichen wie im Privaten.

Gegenseitige Akzeptanz, wenn der andere mal keine Zeit hat. Wenn wir abends auf der Couch liegen und meine Hand auf seiner liegt, oder ich ihn am Kopf berühre.

Dass wir einerseits so gleich ticken - er schaut mit mir „Desperate Housewives", andererseits aber auch so verschieden sind - er liebt Horrorfilme, ich nicht.

Ein magischer Moment ist außerdem, dass wir gemeinsame Ziele haben und gemeinsam träumen und wissen, wie wir diese Ziele erreichen und dafür gehen.

Dass er der Koch bei uns ist und ich dann einfach auf der Couch gammeln kann.

Ich bin die „Show - Frau" bei uns, er hält sich eher im Hintergrund.

Ich kann es gar nicht nur an einem Ereignis festmachen, es ist eher ein Gefühl der Dankbarkeit, dass wir so ein starkes Team sind.

## Kerstin 55 Networkerin

Magische Momente sind für mich:

...gemeinsam morgens aufwachen ohne Wecker, unseren ersten Kaffee zusammen im Bett genießen. Das ist ein erster magischer Moment und unsere „goldene Stunde" am Morgen.

Es sind die kleinen Dinge, wie zum Beispiel ein gemeinsamer Espresso bei Sonnenstrahlen, die durch unsere großen Dachfenster hereinscheinen und ein funkelndes Glitzerbild durch die auf dem Tisch drapierten Deko-Diamanten in den Raum abgeben.

Ein unglaublicher Sonnenaufgang bei berührender Musik während der Autofahrt auf dem Weg in unseren Urlaub.

Zum Geburtstag eine, passend zu meinem Ring, angefertigte Halskette geschenkt bekommen, verbunden mit einer bis ins Herz treffend geschriebenen Geburtstagskarte.

Gemeinsam am Ufer eines Flusses sitzen und mehrere 4 - blättrige Kleeblätter finden.

Die Alpen zu Fuß überqueren und immer wieder schweigend SEIN, obwohl man gemeinsam den Weg geht.

Diese Magic Moments waren besonders:

Magic Moment an der Bergwand:

Ich hatte mich entschlossen mit meiner Partnerin die Zugspitze zu besteigen. An sich nichts Besonderes für mich. Als Outdoor Erfahrene in unterschiedlichsten Feldern wusste ich, dass es unglaubliche Momente der Eigenerfahrung sind und das eigene Leben nachhaltig verändern kann. Der Background hier war, dass meine Partnerin noch nie auch nur ansatzweise etwas in dieser Richtung erlebt hatte. Ich jedoch entschied, sie an Ihre Grenze zu bringen und dachte lange nach, welche Chance ich ihr hier bieten kann.

So entstand die Idee in mir, sie auf die Zugspitze zu bringen. Auf einer weitgehend sicheren Route, dennoch mit verschiedenen Herausforderungen die sie in den 2 Bergtourtagen zu bewältigen hatte. Warum wollte ich das tun? Mein Faible ist: Menschen zu stretchen, sie aus ihrer Komfortzone zu holen, sie zum Wachsen zu bringen, in Form von physisch/mentalen Herausforderungen. Dieses Projekt sollte uns Beiden spannende, aber auch traumhafte Magic Moments bescheren.

Zwei davon möchte ich hier gerne wiedergeben.

Am zweiten Tag unserer Bergtour mussten wir über Stunden einen Gletscher überwinden. Den Rucksack schwer auf dem Rücken, ging es nur in kleinen Schritten schnaufend voran, bis wir endlichen den Fuß der nächsten Felswand erreicht hatten. Ich wusste, dass wir hier eine nicht zu unterschätzende Stelle zu meistern hatten, und zwar Jeder für sich alleine. Hier fand der nächste Übergang vom Eis an die Steilwand statt, allerdings wurde dieser Übergang Eis und Felswand durch eine tiefe Gletscherspalte getrennt, die es zu überwinden galt, um sich zur Absicherung dann in der Steilwand an ein Sicherungsseil einhängen zu können. Mehrere Meter musste sich jeder aus eigener Muskelkraft an einem Seil nach oben ziehen, dann sofort einen Überhang überwinden- welcher uns endlich in eine Ausbuchtung einmünden ließ, die uns eine Pause und das Ablegen der Rucksäcke ermöglichte. Ich kletterte voraus, erreichte besagten Rastplatz und beobachtete nun meine Partnerin. Aus meiner Beobachtung heraus kann ich heute sagen, dass ich körperlich mitfühlen konnte, was in ihr abgelaufen ist. Ich konnte mich eines gewissen Gedankens nicht erwehren, welchen ich aber sofort verdrängte:

„Hoffentlich hab ich bei ihr jetzt nicht den Bogen überspannt!".
Es war jetzt sowieso zu spät, denn zurück war keine Option. Voraus, weiter ...also über die schier unüberwindbare kurze Steilwand, einen ebenso kurzen Überhang, der uns viele hundert Meter in die Tiefe blicken ließ. Da ich voraus stieg, konnte ich ihr nicht helfen. Sie musste es tun. Alleine. Aus eigener Muskelkraft. Ihre Ängste überwindend. Nur noch voraus. Und sie tat es. Schwer schnaufend. Hochkonzentriert und fokussiert. Schritt für Schritt. Griff für Griff. Und sie kam an, hat ihren Rucksack abgelegt, etwas bleich im Gesicht, aber geschafft. Erleichtert brach es aus ihr heraus, Tränen liefen an ihren Wangen herab, die Knie etwas zitternd, aber stolz wie „Bolle" lagen wir uns in den Armen und genossen für Magic Moments dieses gemeinsame Gefühl des Überwindens dieses Hindernisses. Ich sah und spürte, dass ihr Selbstbewusstsein in diesem Moment einen riesigen Wachstumsschub bekam.

Ein gegensätzlicher Magic Moment der anderen Art war, den beeindruckenden Sonnenaufgang auf dem Gipfel erlebend, gegen 5 Uhr morgens in eisiger Kälte, nachdem wir dort auf der originellen Berghütte sehr einfach übernachtet hatten. Bei glasklarem Himmel saßen wir auf der Zugspitze über einer geschlossenen Wolkendecke und eisigen Temperaturen, Stille - nur den Moment fühlend genossen wir uns. Einmal mehr bestätigt, dass, wenn du wirklich willst, jedes Hindernis überwindbar ist.

Wie man seine Partnerschaft mit einem Megamarsch bereichern kann.

Megamarsch. Davon hatten wir gehört und entschlossen uns gleich die 100 km in 24 Std. anzugehen. Wir beendeten bei km 65, weil insbesondere meine Füße „fertig" waren. Was wir aber als Paar gemeinsam bis dahin erlebt hatten war Besonders. Gemeinsam eine Strecke bewältigen, mit Ausdauer, schweigend, diskutierend, hintereinander, nebeneinander, in die Nacht hinein, in den Tag hinein, durch die Dunkelheit, müde, sich gegenseitig aufmunternd und motivierend. Auch Frust und „ich kann nicht mehr und ich will nicht mehr" waren dabei. Das ganze Portfolio an Gefühlen, welche sich zeigen, wenn man sich bewusst auf etwas einlässt. Alle Facetten haben wir hier gemeinsam durchlebt und insbesondere gezeigt, wie liebevoll wir uns hier gegenseitig ergänzt haben. Magic Moments des gemeinsamen Erlebens auf 65 km Lebenserfahrung und Persönlichkeitsentwicklung. Es hat unsere Beziehung bereichert und noch wertvoller werden lassen.

# Schlusswort

Es ist eine Bereicherung für mich, dieses Buch herausgeben zu dürfen.

Nochmals vielen Dank allen Frauen, die ihre magischen Momente, ihre Wünsche, ihre Phantasien und Erlebnisse notiert haben.

Beim Sammeln und Zusammenstellen der Antworten ist mir klar geworden, dass oft einfach das Wissen fehlt, was man(n) tun kann und worüber sich die Partnerin freuen würde. Häufig mangelt es aber einfach an Mut, selbst aktiv zu werden, sich auch Hilfe zu holen und sich selbst zu sagen: „Mach's doch einfach!"

Es gibt kleine und große magische Momente, doch sie alle basieren auf Emotionen, auf Gefühlen.

Dieses Gefühl ist natürlich individuell, aber ist es nicht das schönste, dieses Gefühl exklusiv in einer Partnerschaft zu erleben? Fordere dieses Gefühl heraus, probier' es einfach aus!

Ich möchte Männern Mut machen zu spielen, zu üben, auszuprobieren und – sich vielleicht auch einmal zu blamieren, wenn es einfach nicht klappt. Na und?!

Nimm die Wünsche und Ideen, die Frauen hier aufgeschrieben haben, als Hinweis, als Inspiration und lass dir selbst etwas einfallen.

*Du hast auch eine Idee für einen magischen Moment?*
*Oder hast selbst magische Momente in deiner Beziehung erlebt?*
*Dann schreib mit - eine 3. Auflage ist möglich.*

*info@mathiasmueller.net*